EL TEMPLO DE LA COPA DE EUROPA

ENRIQUE ORTEGO

EL TEMPLO DE LA COPA DE EUROPA

El Real Madrid, un líder universal

FUNDACIÓN Realmadrid

ESPASA

Primera edición: diciembre de 2023

Espasa es un sello editorial de Editorial Planeta, S. A.
Avda. Diagonal, 662-664
08034 Barcelona

Diseño y maquetación de interior: María Pitironte

Documentación/estadística: Pedro Luis Martín

Impresión: UNIGRAF

Depósito legal: B. 21.825-2023
ISBN: 978-84-670-7277-8

Espasa, en su deseo de mejorar sus publicaciones, agradecerá cualquier sugerencia que los lectores hagan al departamento editorial por correo electrónico: sugerencias@espasa.es

www.espasa.com
www.planetadelibros.com

Impreso en España / *Printed in Spain*

PEFC Certificado
Este libro procede de bosques gestionados de forma sostenible
PEFC
PEFC/14-38-00305
www.pefc.es

El papel utilizado para la impresión de este libro está calificado como **papel ecológico** y procede de bosques gestionados de manera **sostenible**.

ÍNDICE

PRÓLOGO

SENTIMIENTO Y VOCACIÓN UNIVERSAL

El Real Madrid es un sentimiento que ha traspasado todas las fronteras y se ha instalado en el corazón de los aficionados al fútbol y al deporte en todo el mundo. Es una forma de entender la vida y, sobre todo, es una actitud a la hora de afrontar los retos y las adversidades.

Los madridistas hemos recibido un legado eterno en forma de valores que son los que rigen nuestro destino y con los que se ha construido la mayor leyenda del fútbol mundial: el trabajo, el sacrificio, el compañerismo, el juego limpio, el respeto, la humildad y la solidaridad.

Con estos principios y con una clara vocación universal, el Real Madrid fue el gran impulsor de la Copa de Europa, junto al diario francés *L'Équipe,* gracias a la visión y a la altura de miras de nuestro querido presidente Santiago Bernabéu. Con su idea valiente y pionera de que el fútbol se convirtiera en el deporte más global del planeta, desafió a todos los que no creían en su necesaria transformación y modernización en aquellos difíciles años 50. Santiago Bernabéu cambió para siempre la historia de este deporte, y también cambió la historia del Real Madrid.

Este libro es la crónica de un tiempo que es eterno. Porque es el relato de emociones y de sueños infinitos que los madridistas no olvidaremos jamás. Y es también una gran oportunidad para mostrar, una vez más, el agradecimiento, la admiración, el cariño y el respeto que tenemos a tantos y tantos héroes legendarios que construyeron el mito del Real Madrid.

Somos el club de las 14 Copas de Europa. Y aquí está gran parte de esa historia irrepetible. Una historia que hemos hecho juntos y que ha sido posible gracias a la fuerza y a la pasión de una afición que es la mejor del mundo y que ha convertido esta competición, cada año, en nuestro mayor desafío.

Y en este relato de vivencias únicas, encontramos siempre la presencia y el protagonismo de un estadio convertido en templo del fútbol mundial y en el que hemos vivido la magia de las grandes noches europeas.

El estadio Santiago Bernabéu es nuestra casa y es también nuestro emblema. Sin él y sin lo que supone la unión y la fuerza de nuestra afición, nada de esto habría sido posible.

Hoy, nuestro estadio se transforma para abrazar el futuro. Estoy convencido de que las grandes figuras que han marcado nuestro camino, como Santiago Bernabéu, Alfredo Di Stéfano, Gento, Puskas, Kopa, Amancio y tantos gigantes inolvidables que se nos han ido, estarían orgullosos de su estadio.

En estas páginas está su historia. Una historia que contempla 14 Copas de Europa. Cada una de ellas es también la crónica de una generación que ha vivido intensamente su madridismo. Esta es, sin duda, una apasionada y emocionante crónica de nuestras vidas.

FLORENTINO PÉREZ

1

EL LÍDER UNIVERSAL

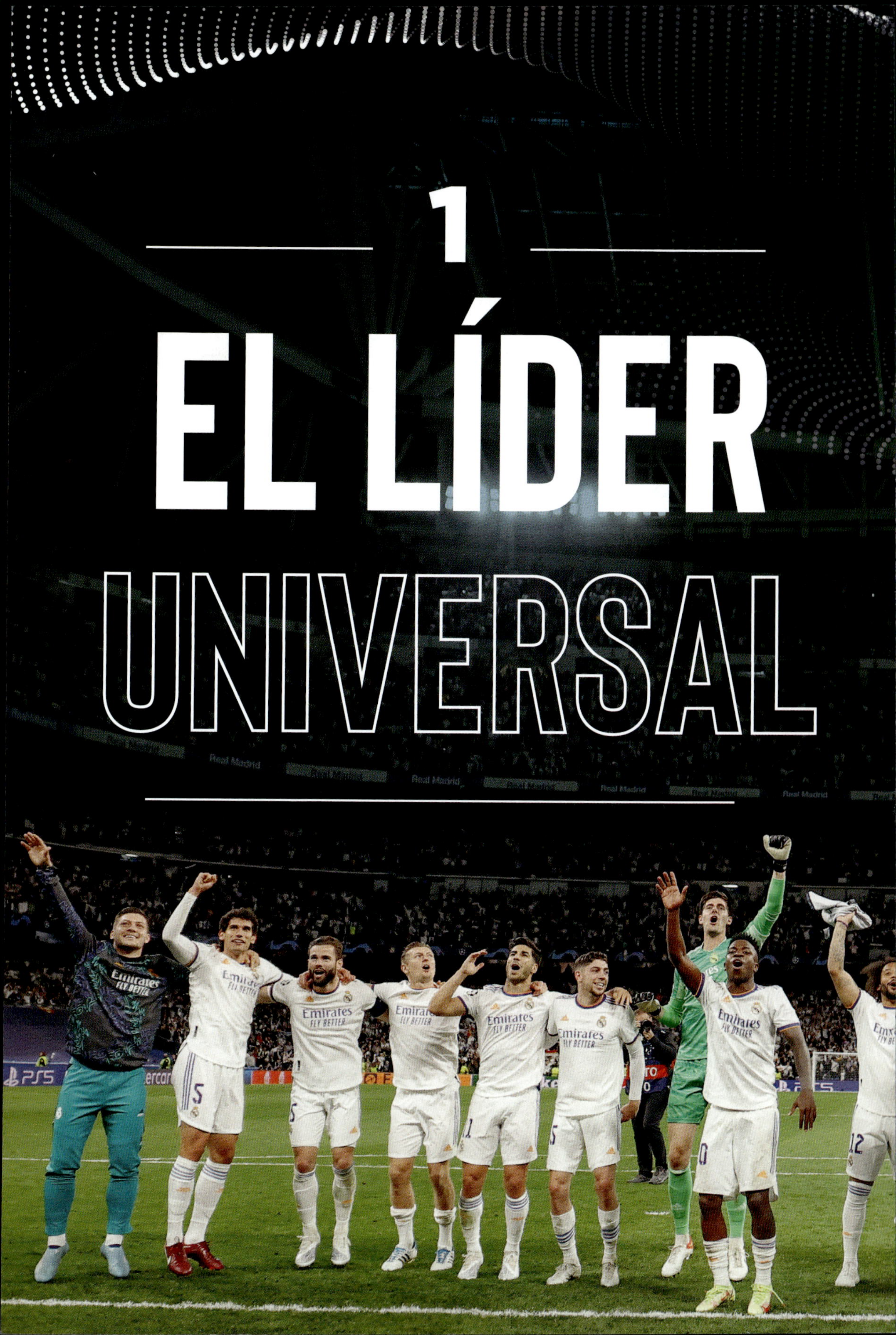

Real Madrid
Emirates
FLY BETTER
RESPECT

«SERÁ PARA NOSOTROS UN GRAN HONOR PODER ACEPTAR VUESTRA INVITACIÓN DE PARTICIPAR EN LA COMPETICIÓN EUROPEA QUE ESTÁN A PUNTO DE ORGANIZAR. PARTICIPAREMOS TAMBIÉN CON PLACER EN TODAS LAS REUNIONES PREVIAS».

Carta de respuesta, firmada por su puño y letra, de Santiago Bernabéu Yeste, presidente del Real Madrid, a la invitación oficial recibida por el periódico francés *L'Équipe*. El embrión de una nueva competición futbolística, que finalmente se denominó Copa de Clubes Campeones Europeos, estaba en marcha, y desde el primer día el presidente blanco se mostró como uno de sus más fervientes defensores.

Pura intuición de un hombre que por sus obras y pensamientos fue un auténtico adelantado a su época. A pesar de ello, seguro que, en aquel primer trimestre de 1955, ni su impetuoso ánimo ni su empecinamiento en transformar su Real Madrid en una referencia futbolística mundial y, al mismo tiempo, convertirlo en un modelo organizativo, económico y social, podían dar lugar a que imaginara que aquella competición, en la que creyó ciegamente desde el primer día, iba a significar en el futuro tanto como realmente ha representado para su club.

No fueron fáciles los comienzos. Cuando la idea de Gabriel Hanot, periodista de *L'Équipe,* ya con sesenta y cinco años, tomó cuerpo y con el respaldo y la colaboración de todos los redactores del periódico comenzó a proyectarse la obra, la aceptación de los dirigentes del fútbol europeo, principalmente federaciones y clubes, fue muy desigual. División de opiniones.

Curiosamente, en la vuelta de reconocimiento de los organizadores por todos los países del continente donde el fútbol estaba lo suficientemente desarrollado como para que uno de sus clubes pudiera participar en la nueva competición, cuando llegaron a España, con visita presencial en Barcelona y Madrid, palparon que en el fútbol patrio existía una diversidad de pareceres que les llamó la atención, como publicaron posteriormente en las páginas de *L'Équipe* con la competición ya consagrada.

En Barcelona, el presidente de la Federación Catalana, Agustín Pujol; el presidente del Barça, Francisco Miró Sans, y el periódico *El Mundo Deportivo* no

veían la vertiente positiva del proyecto y manifestaron a los organizadores que no lo veían factible. «Solo sería posible como un campeonato de verano». En Madrid, todo lo contrario. El presidente de la Federación Española, Juan Touzón, se mostró entusiasta con la idea y trasladó a sus interlocutores que el Real Madrid, en la persona de su presidente, Santiago Bernabéu, con el que ya se había reunido para hablar del asunto, y que, además, era íntimo amigo suyo, le había manifestado su apoyo total.

«España está preparada para recibir en sus estadios de 100.000 espectadores a los equipos de todos los países de Europa y también a los que están al otro lado del Telón de Acero», fueron las palabras del presidente federativo.

Santiago Bernabéu, Miguel Muñoz y Antonio Calderón con directivos

La fuerza con la que irrumpió la nueva competición contrasta con el poco tiempo de su gestación. Solo nueve meses pasaron desde que *L'Équipe* publicara el 16 de diciembre de 1954 su intención de poner en marcha el proyecto de un campeonato europeo interclubes y el primer partido de la competición, jugado en Lisboa el 4 de septiembre de 1955: Sporting de Portugal-Partizán. Su pliego de intenciones, corto y sencillo, fue calando en los aficionados: un club representante por federación; 12 o 14 clubes máximo para la primera edición (fueron 16); partidos nocturnos entre semana con ida y vuelta y entre los meses de septiembre y junio, posibilidad de tener un patrocinador televisivo…

En febrero de 1955 se realizó la primera consulta por carta a 18 clubes, entre ellos el Real Madrid como único representante español. Santiago Bernabéu, como vicepresidente de la Copa de Europa, pasó a formar parte del Comité Organizador, y con la estimable ayuda de su tesorero, Raimundo Saporta, que hablaba perfectamente francés y tenía una rara habilidad para la seducción, fueron convenciendo a los clubes más retraídos de que esa competición era el futuro del fútbol europeo.

Entre el 15 y el 20 de marzo se enviaron a los clubes las primeras invitaciones oficiales para acudir a París a una reunión que tenía que ser definitiva, como lo fue. Solo faltaban las aprobaciones oficiales de la FIFA y de la UEFA, recién creada como organismo, y que, en un principio, no veían con buenos ojos el proyecto. Finalmente, el 7 de mayo la primera y 14 días después la segunda aceptaban a la nueva criatura. Un nuevo torneo que vino al mundo para demostrar que los ingleses, por mucho que el Wolverhampton hubiera ganado al Spartak de Moscú (4-0) y al Honved de Puskas, Bozsik y Kocsis, no eran los mejores del mundo, como había proclamado el *Daily Mail*. Y si lo eran, que lo demostrasen sobre el terreno de juego, que fue lo que escribió Gabriel Hanot en las páginas del *L'Equipe* el 15 de diciembre de 1954.

> Los ingleses practican un juego viril y generoso, cabeza alta, pecho al frente, un juego perpendicular al área que, sin duda, representa y representará el estilo de juego de los insulares, pero antes de decir que el Wolverhampton es invencible, tendrían que viajar a Moscú y a Budapest. Además, hay otros grandes equipos en Europa como el Milan o el Real Madrid. Puesto que se va observando el buen nivel de los equipos, habría que hacer un campeonato del mundo de clubes, o al menos uno a nivel europeo. Es algo necesario… Aventurémonos.

Y se aventuraron, y por eso hoy, que es la competición de las competiciones a nivel de clubes, habría que dar las gracias a aquellos pioneros franceses, periodistas todos ellos, que se empeñaron en sacar adelante su idea y lo consiguieron. Gracias a Gabriel Hanot, que fue el inspirador de la idea. Gracias a Jacques de Ryswick, que lo propuso públicamente en un artículo. Gracias a Jacques Goddet, que puso a toda la redacción del periódico a alimentar al niño que estaba por nacer. Y gracias a Jacques Ferran, el redactor que elaboró el primer reglamento.

Gracias a ellos, el Real Madrid es hoy el «señor» de la Copa de Europa. El club con más partidos jugados en la competición (476), el que más títulos posee (14), el que más finales ha disputado (17), el que más ediciones ha jugado (54 con la actual), el que más victorias suma (285), el que más goles a favor ha marcado (1.047). El club con el mayor número de liguillas superadas en la Champions: 32 de 32 (con la actual), pleno. El único con cinco Copas de Europa consecutivas (1956-1960). El único con tres Champions consecutivas (2016-1018). Y el único que ha ganado sus ocho últimas finales jugadas.

La Copa de Europa es su competición por excelencia, como atestigua la clasificación histórica. La UEFA concede dos puntos por victoria y un punto por empate, que le han llevado hasta los 651 puntos. Le siguen el Bayern, 534; el Barcelona, 470; el Manchester United, 389; y la Juventus, 376. Sin contabilizar los encuentros de la presente temporada, el Real Madrid ha jugado 476 partidos de Copa de Europa, 306 con la denominación Champions. Su balance es de 285 victorias, 81 empates y 110 derrotas, con 1.047 goles a favor y 521 en contra.

De la primera edición, 1955/56, a la pasada, 2022/23, ha disputado 135 eliminatorias, con 99 superadas, sin contar las finales. De ellas 38 fueron de cuartos de final (solo ha perdido seis), 32 semifinales y 17 finales, 11 en el siglo xx y seis en el xxi. En cuanto a los títulos se refiere, ocho de los 14 fueron en la centuria pasada y seis en la actual.

Solamente clubes de 12 países han sido capaces de dejar fuera de la circulación al supercampeón español: ocho italianos, siete alemanes, seis ingleses, tres belgas, tres neerlandeses, dos españoles, dos franceses, un portugués, un austriaco, un ruso y un ucraniano.

Por el contrario, rivales de 26 países han quedado eliminados a su paso. A saber: 15 de Alemania, 12 de Inglaterra, 11 de Italia, seis de España, cinco de Francia, cuatro de Dinamarca… Tres de 11 países: Hungría, Escocia, Rumanía, Turquía, Luxemburgo, Bélgica, Austria, Suiza, Países Bajos, Chipre y Polonia. Dos de cuatro países: Portugal, Rusia, Serbia y República Checa. Y uno de cinco: Islandia, Ucrania, Bulgaria, Irlanda y Noruega.

14 COPAS PARA 3 PRESIDENTES

SANTIAGO BERNABÉU 1943-1978

1956 · 1957 · 1958 · 1959 · 1960 · 1966

LORENZO SANZ 1995-2000

1998 · 2000

FLORENTINO PÉREZ 2000-2006 Y 2009-ACTUALIDAD

2002 · 2014 · 2016 · 2017 · 2018 · 2022

EN LA COPA DE EUROPA SE HA **ENFRENTADO A 109 RIVALES**

Once de Alemania: Eintracht de Frankfurt, Múnich 1860, Borussia Mönchengladbach, Bayern Múnich, Hamburgo, Bayer Leverkusen, Borussia Dortmund, Werder Bremen, Schalke 04, Wolfsburgo y Leipzig.

Ocho de Inglaterra: Manchester United, Chelsea, Derby County, Liverpool, Tottenham, Leeds, Arsenal y Manchester City; **e Italia:** Milan, Fiorentina, Juve, Inter, Nápoles, Lazio, Roma y Atalanta.

Siete de Francia: Stade de Reims, Niza, PSG, Olympique de Marsella, Mónaco, Olympique de Lyon y Auxerre.

Cinco de Bélgica: Anderlecht, Brujas, Standard de Lieja, Amberes y Genk; **Dinamarca:** Boldklubben 1909, Boldklubben 1913, Odense, Hvidovre y Copenhague; **y Suiza:** Grasshopper, Basilea, Zúrich, Servette y Young Boys.

Cuatro de España: Atlético, Barcelona. Sevilla y Valencia; **Austria:** Rapid, Tirol, Wiener y Sturm Graz; **Polonia:** Wisla Cracovia, Górnik Zabrze, Stal Mielec y Legia; **y Rusia:** Spartak, CSKA, Lokomotive y Zenit.

Tres de Portugal: Benfica, Sporting y Oporto; **Grecia:** Olympiakos, Panathinaikos y AEK; **Hungría:** Honved, Vasas y Ferencvaros; **Chipre:** APOEL Nicosia, AEL Limassol, Olympiakos de Nicosia; **Escocia:** Celtic, Rangers y Kilmarnock; **República Checa:** Sparta, Dukla y Viktoria Pilsen; **Rumanía:** Dinamo, Steaua y Arges Pitesti; **Luxemburgo:** Progrès, Spora y Jeunesse Esch; **Noruega:** Moss, Rosenborg y Molde; **y Países Bajos:** Ajax, Feyenoord y PSV.

Dos de Bulgaria: Levski y Ludogorets; **Serbia:** Estrella Roja y Partizán; **Turquía:** Galatasaray y Besiktas; **y Ucrania:** Dinamo y Shaktar.

Uno de Croacia: Dinamo de Zagreb; **Irlanda:** Limerick; **Islandia**: Keflavik; **Bielorrusia:** BATE; **Suecia:** Malmö; y **Moldavia:** Sheriff Tiraspol.

De las 69 ediciones de la Copa de Europa el Real Madrid ha participado en 54, contando la actual. Estuvo presente en todas las ediciones desde la primera, 1955/56, hasta la 1969/70. Las 15 primeras consecutivas. De 1970 a 1997, de 27 ediciones jugó 12 intercaladas, y desde 1997, las 27 consecutivas en la Champions.

Una circunstancia interesante fue que la primera temporada que se quedó fuera de la gran competición, la 1970/71, llegó, sin embargo, a la final de la Recopa y perdió ante el Chelsea en el partido de desempate en Atenas.

En las 15 temporadas que no acudió a su cita con la «copa de las orejas grandes», disputó la Copa de la UEFA en nueve ocasiones (dos títulos, 1985 y 1986) y la Recopa en cuatro (dos finales, 1970/71 y 1982/83). Realmente, solo en dos campañas el club blanco no ha participado en ninguna competición europea: la 1977/78 y la 1996/97. A partir de la 1997/98 se ha clasificado para las 27 ediciones de la Champions.

De los seis máximos goleadores de la Copa de Europa cuatro han jugado en el Real Madrid y tres de ellos consiguieron vestidos de blanco la mayoría de sus goles. Cristiano: 105 de 141; Benzema: 78 de 90; Raúl: 66 de 71; y Van Nistelrooy, 13 de 60.

De los diez jugadores con más partidos en la Copa de Europa cinco han jugado en el Real Madrid. Cristiano, líder de la clasificación, jugó vestido de blanco 101 de los 187 encuentros que suma; Casillas, segundo, jugó 152 de 181; Benzema, 133 de 152; Raúl, 132 de 144; y Kroos, 98 de 141.

Los números del Real Madrid en la cumbre de las distintas competiciones internacionales en que ha participado son escalofriantes:

14 Copas de Europa en 17 finales.

5 Mundiales de clubes: 2014, 2016, 2017, 2018 y 2022, más que ningún otro club.

5 Supercopas de Europa: 2002, 2014, 2016, 2017 y 2022, las mismas que el Barcelona y que el Milan, y tres finales más: 1998, 2000 y 2018.

3 Copas Intercontinentales: 1960, 1998 y 2002, igualadas con Peñarol, Milan, Boca y Nacional, y dos finales más (1966 y 2000).

2 Copas de la UEFA (1985 y 1986). El hito de ganar dos Copas de la UEFA consecutivas no fue igualado hasta 21 años después, cuando el Sevilla repitió la hazaña en 2006 y 2007.

2 Copas Latinas: 1955 y 1957.

2 finales Recopa: 1971 y 1983.

Total: 41 finales internacionales.

Nota: datos hasta el último partido disputado de la temporada 2022/23.

PARÍS
28/05/2022
KIEV
26/05/2018

LA PRIMERA: PARÍS, 1956

STADE DE REIMS 3 - 4 REAL MADRID

13-06-1956

ESTADIO PARQUE DE LOS PRÍNCIPES

STADE DE REIMS 1-3-2-5

Jacquet

Zimny | Jonquet | Giraudo

Siatka | Leblond

Hidalgo | Mateos | Rial | Bliard | Templin

REAL MADRID 1-3-2-5

Juanito Alonso

Atienza | Marquitos | Lesmes

Muñoz | Zárraga

Joseíto | Marsal | Di Stéfano | Monuori | Gento

GOLES

1-0: Leblond (6')
2-0: Templin (10')
2-1: Di Stéfano (14')
2-2: Rial (30')
3-2: Hidalgo (62')
3-3: Marquitos (67')
3-4: Rial (79')

LA SEGUNDA: MADRID, 1957

REAL MADRID 2 - 0 FIORENTINA

30-05-1957

ESTADIO SANTIAGO BERNABÉU

REAL MADRID 1-3-2-5

Juanito Alonso

Torres | Marquitos | Lesmes

Muñoz | Zárraga

Kopa | Mateos | Di Stéfano | Rial | Gento

FIORENTINA 1-3-2-5

Sarti

Magnini | Orzan | Cervato

Scaramucci | Segato

Julinho | Gratton | Virgili | Montuori | Bizarri

GOLES

1-0: Di Stéfano (70', de penalti)
2-0: Gento (76')

LA TERCERA: BRUSELAS, 1958

REAL MADRID 3 - 2 MILAN

28-05-1958

ESTADIO HEYSEL

REAL MADRID (1-3-2-5)

Juanito Alonso
Atienza II | Santamaría | Lesmes
Santisteban | Zárraga
Joseíto | Kopa | Di Stéfano | Rial | Gento

MILAN (1-3-2-5)

Soldan
Fontana | Maldini | Beraldo
Bergamaschi | Radice
Danova | Liedholm | Schiaffino | Grillo | Cucchiaroni

GOLES

0-1: Schiaffino (59')
1-1: Di Stéfano (74')
1-2: Grillo (77')
2-2: Rial (79')
3-2: Gento (107')

LA CUARTA: STUTTGART, 1959

REAL MADRID 2 - 0 STADE DE REIMS

03-06-1959

ESTADIO NECKARSTADION

REAL MADRID (1-3-2-5)

Domínguez
Marquitos | Santamaría | Zárraga
Santisteban | Antonio Ruiz
Kopa | Mateos | Di Stéfano | Rial | Gento

STADE DE REIMS (1-3-2-5)

Colonna
Rodzik | Jonquet | Giraudo
Penverne | Leblond
Lamartine | Bliard | Fontaine | Piantoni | Vincent

GOLES

1-0: Mateos (1')
2-0: Di Stéfano (47')

LA QUINTA: GLASGOW, 1960

REAL MADRID 7 - 3 EINTRACHT DE FRANKFURT

18-05-1960

ESTADIO HAMPDEN PARK

REAL MADRID (1-3-2-5)

Domínguez

Marquitos | Santamaría | Pachín

Vidal | Zárraga

Canario | Del Sol | Di Stéfano | Puskas | Gento

EINTRACHT DE FRANKFURT (1-3-2-5)

Loy

Lutz | Eigenbrodt | Höfer

Weilbächer | Stinka

Kress | Lindner | Stein | Pfaff | Meier

GOLES

0-1: Kress (18')
1-1: Di Stéfano (27')
2-1: Di Stéfano (30')
3-1: Puskas (45')
4-1: Puskas (56', de penalti)
5-1: Puskas (60')
6-1: Puskas (71')
6-2: Stein (72')
7-2: Di Stéfano (73')
7-3: Stein (75')

LA SEXTA: BRUSELAS, 1966

REAL MADRID 2 - 1 PARTIZÁN

11-05-1966

ESTADIO HEYSEL

REAL MADRID (1-4-2-4)

Araquistáin

Pachín | De Felipe | Zoco | Sanchís

Pirri | Velázquez

Serena | Amancio | Grosso | Gento

PARTIZÁN (1-4-2-4)

Soškic

Jusufi | Rasovic | Vasovic | Mihajlovic

Kovacevic | Becejac

Bajic | Hasanagic | Galic | Pirmajer

GOLES

0-1: Vasovic (55')
1-1: Amancio (70')
2-1: Serena (76')

LA SÉPTIMA: ÁMSTERDAM, 1998

REAL MADRID 1 - 0 JUVENTUS

20-05-1998

ESTADIO AMSTERDAM ARENA

REAL MADRID(1-4-4-2)

Illgner
Panucci | Hierro | Sanchís | Roberto Carlos
Seedorf | Karembeu | Redondo | Raúl
(Amavisca, 90')
Morientes | Mijátovic
(Jaime, 81') (Suker, 89')

JUVENTUS (1-3-4-1-2)

Peruzzi
Torricelli | Iuliano | Montero
Di Livio | Deschamps | Davids | Pessotto
(Tacchinardi, 46') (Conte, 77') (Fonseca, 70')
Zidane
Inzaghi | Del Piero

GOLES

1-0: Mijatovic (66')

LA OCTAVA: PARÍS, 2000

REAL MADRID 3 - 0 VALENCIA

24-05-2000

ESTADIO STADE DE FRANCE

REAL MADRID (1-3-4-1-2)

Casillas
Iván Campo | Helguera | Karanka
Míchel Salgado | McManaman | Redondo | R. Carlos
(Hierro, 84')
Raúl
Morientes | Anelka
(Savio, 72') (Sanchís, 80')

VALENCIA (1-4-4-2)

Cañizares
Angloma | Pellegrino | Djukić | Gerardo
(Ilie, 68')
Mendieta | Gerard | Farinós | Kily González
Angulo | Claudio López

GOLES

1-0: Morientes (39')
2-0: McManaman (67')
3-0: Raúl (75')

LA NOVENA: GLASGOW, 2002

REAL MADRID 2 - 1 BAYER LEVERKUSEN

15-05-2002

ESTADIO HAMPDEN PARK

REAL MADRID(1-4-3-1-2)

César
(Casillas, 67')

Míchel Salgado | Hierro | Helguera | R. Carlos

Figo | Makelele | Solari
(McManaman, 61') (Flavio, 73')

Zidane

Morientes | Raúl

BAYER LEVERKUSEN (1-4-1-4-1)

Butt

Sebescen | Lúcio | Živković | Placente
(Kirsten, 65') (Babic, 90')

Ramelow

Schneider | Ballack | Baştürk | Brdaric
(Berbatov, 38')

Neuville

GOLES

1-0: Raúl (8')

1-1: Lúcio (13')

2-1: Zidane (45')

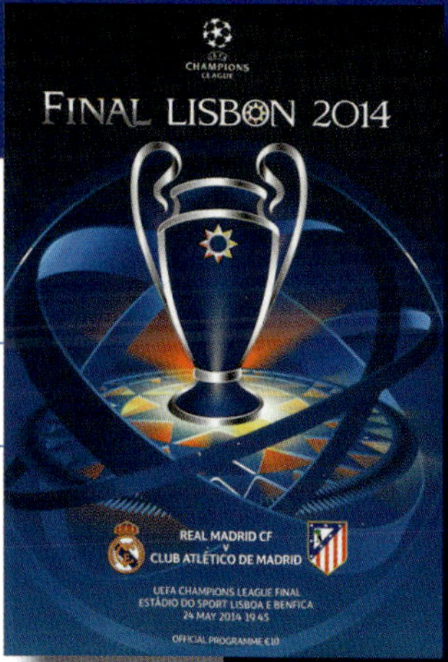

LA DÉCIMA: LISBOA, 2014

REAL MADRID 4 - 1 ATLÉTICO DE MADRID

24-05-2014

ESTADIO DA LUZ

REAL MADRID (1-4-3-3)

Casillas

Carvajal | Varane | S. Ramos | Coentrão
(Marcelo, 59')

Modric | Khedira | Di María
(Isco, 59')

Bale | Benzema | Cristiano Ronaldo
(Morata, 79')

ATLÉTICODE MADRID (1-4-4-2)

Courtois

Juanfran | Miranda | Godín | Filipe Luis
(Alderweireld, 83')

Raúl García | Gabi | Tiago | Koke
(Sosa, 66')

Diego Costa | Villa
(Adrián, 9')

GOLES

0-1: Godín (36')
1-1: Sergio Ramos (93')
2-1: Bale (110')

3-1: Marcelo (118')
4-1: Cristiano Ronaldo (120', de penalti)

LA UNDÉCIMA: MILÁN, 2016

REAL MADRID 1 - 1 (5 - 3) ATLÉTICO DE MADRID

28-05-2016

ESTADIO SAN SIRO

REAL MADRID (1-4-3-3)

Keylor Navas
Carvajal | Pepe | S. Ramos | Marcelo
(Danilo, 52')
Modric | Casemiro | Kroos
(Isco, 72')
Bale | Benzema | Cristiano Ronaldo
(L. Vázquez, 77')

ATLÉTICO DE MADRID (1-4-4-2)

Oblak
Juanfran | Savic | Godín | Filipe Luis
(Lucas, 108')
Saúl | Gabi | Augusto | Koke
(Carrasco, 46') (Thomas, 115')
Torres | Griezmann

GOLES

1-0: Sergio Ramos (15')
1-1: Carrasco (79')

Penaltis: Lucas Vázquez, Marcelo, Bale, Sergio Ramos y Cristiano Ronaldo marcaron los cinco lanzamientos del Real Madrid.

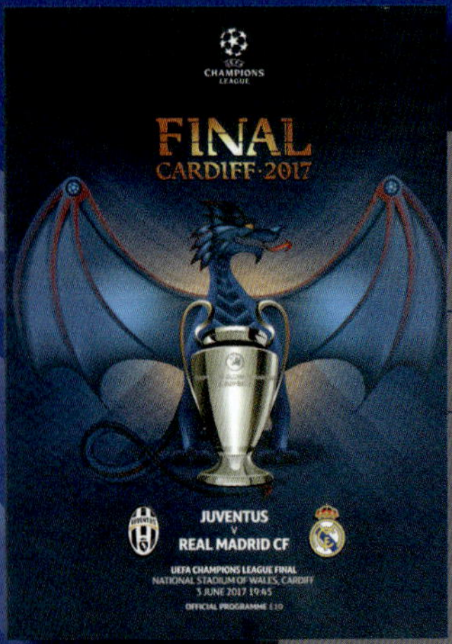

LA DUODÉCIMA: CARDIFF, 2017

JUVENTUS 1 - 4 REAL MADRID

03-06-2017

ESTADIO MILLENNIUM STADIUM

JUVENTUS (1-4-2-3-1)

Buffon
Barzagli | Bonucci | Chiellini | Alex Sandro
(Cuadrado, 66')
Pjanic | Khedira
(Marchisio, 70')
Alves | Dybala | Mandzukic
(Lemina, 78')
Higuaín

REAL MADRID (1-4-4-2)

Keylor Navas
Carvajal | Varane | Sergio Ramos | Marcelo
Modric | Casemiro | Kroos | Isco
(Morata, 88') (Asensio, 82')
Benzema | Cristiano Ronaldo
(Bale, 77')

GOLES

0-1: Cristiano Ronaldo (20')
1-1: Mandzukic (27')
1-2: Casemiro (61')
1-3: Cristiano Ronaldo (64')
1-4: Asensio (90')

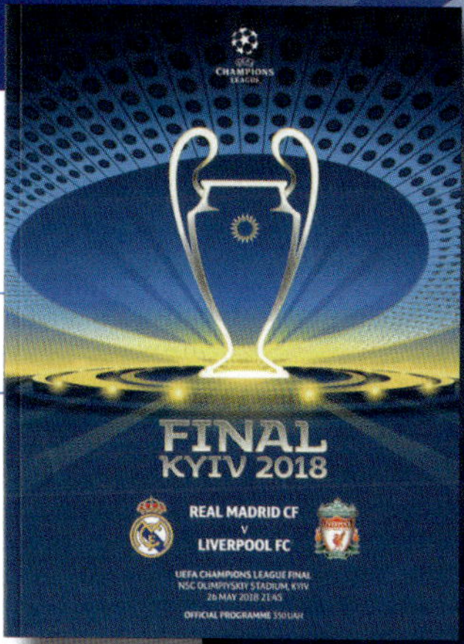

LA DECIMOTERCERA: KIEV, 2018

REAL MADRID 3 - 1 LIVERPOOL

6-05-2018

ESTADIO OLÍMPICO DE KIEV

REAL MADRID (1-4-4-2)

Keylor Navas
Carvajal | Varane | S. Ramos | Marcelo
(Nacho, 37')
Isco | Modric | Casemiro | Kroos
(Bale, 61')
Benzema | Cristiano Ronaldo
(Asensio, 89')

LIVERPOOL (1-4-3-3)

Karius
Arnold | Lovren | Van Dijk | Robertson
Wijnaldum | Henderson | Milner
(Emre Can, 83')
Salah | Firmino | Mané
(Lallana, 31')

GOLES

1-0: Benzemá (51')
1-1: Mané (55')
2-1: Bale (64')
3-1: Bale (83')

LA DECIMOCUARTA: PARÍS, 2022

LIVERPOOL 0 - 1 REAL MADRID

28-05-2022

ESTADIO STADE DE FRANCE

LIVERPOOL (1-4-3-3)

Alisson
A. Arnold | Konaté | Van Dijk | Robertson
Henderson | Fabinho | Thiago
(Keita, 77') (Firmino, 77')
Salah | Mané | Luis Díaz
(Diogo Jota, 65')

REAL MADRID (1-4-3-3/1-4-4-2)

Courtois
Carvajal | Militão | Alaba | Mendy
Modric | Casemiro | Kroos
(Ceballos, 89')
Valverde | Benzema | Vinícius
(Camavinga, 84') (Rodrygo, 91')

GOLES

0-1: Vinícius (59')

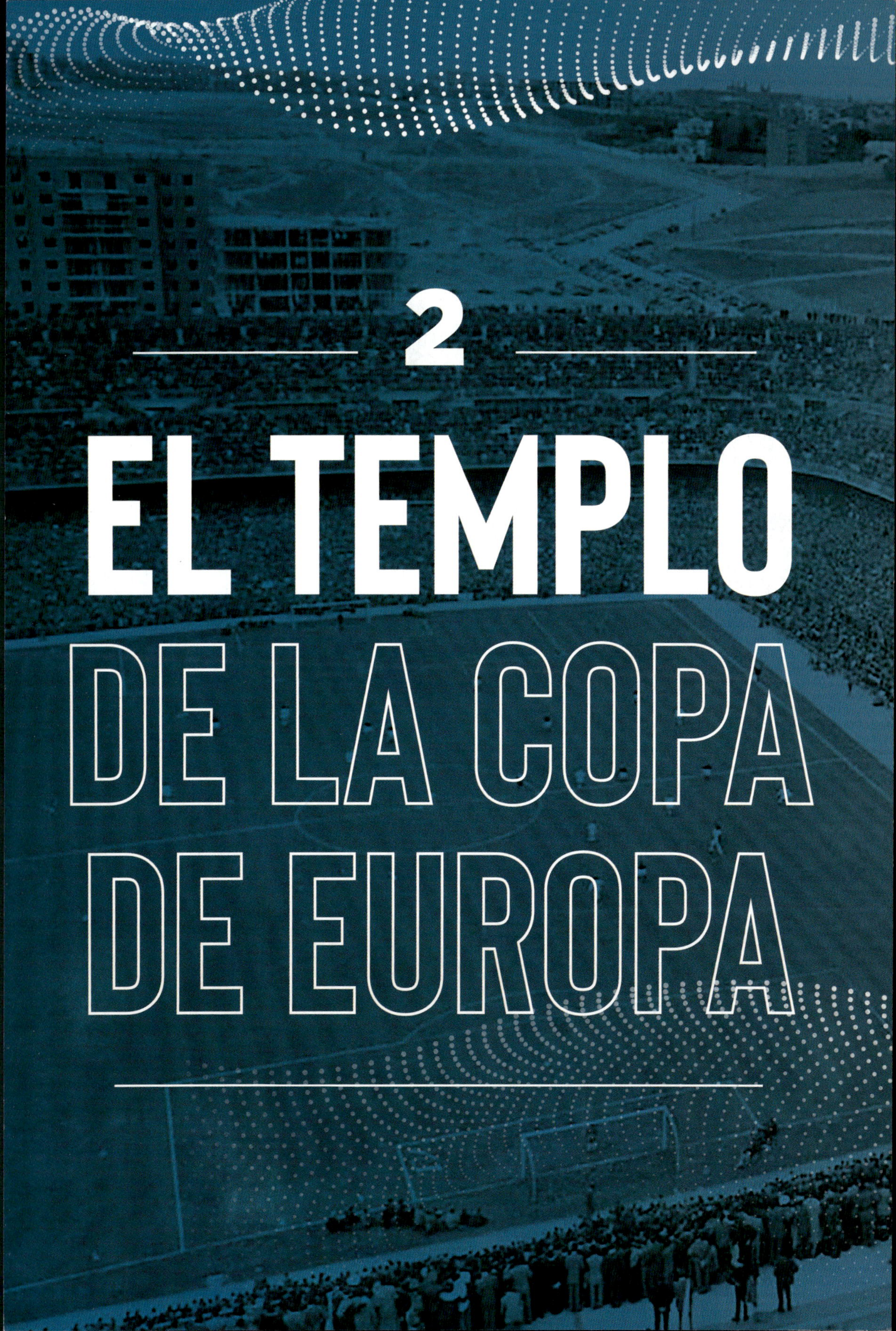

2

EL TEMPLO DE LA COPA DE EUROPA

LA EVOLUCIÓN DE UN GRAN ESTADIO
50 PARTIDOS, 50 HISTORIAS

Copa de Europa-Estadio Santiago Bernabéu. Estadio Santiago Bernabéu-Copa de Europa. No se entendería la una sin el otro. Y el otro sin la una. Inaugurado el 14 de diciembre de 1947, bajo el nombre de Nuevo Chamartín, con un partido amistoso (3-1) entre el Real Madrid y Os Belenenses, campeón de Portugal, el nuevo estadio, ya bautizado con su denominación actual desde el 4 de enero de 1955, vio nacer la nueva competición. Realizada ya una primera ampliación de las gradas con un tercer anfiteatro, el aforo pasó de 75.000 a 120.000 aficionados, y el 12 de octubre de ese mismo año el equipo disputaba allí su primer partido de la Copa de Europa contra el Servette suizo (5-0).

Desde entonces, el estadio ha acogido 227 partidos de la Copa de Europa[1]. La mayoría, por supuesto, con el Real Madrid como anfitrión: 222. El balance es de 172 victorias, 28 empates y 22 derrotas; 632 goles a favor y 186 en contra. Contra el AEL de Limassol y el Olympiakos de Nicosia también jugó como visitante porque los dos encuentros se disputaron en el estadio.

En los otros cinco encuentros, dos tuvieron como local al Atlético, en la temporada 1958/59, 2-1 al CSKA de Sofía y 3-0 al Schalke, y otros tres fueron finales de la competición sin el equipo blanco en liza: 1969, Milan-Ajax (4-1); 1980, Nottingham Forest-Hamburgo (1-0); y 2010, Inter-Bayern (2-0).

En la temporada 2020/21, por la pandemia, el equipo jugó seis partidos en el estadio Alfredo Di Stéfano de Valdebebas. Perdió el primero con el Shaktar (2-3) y ganó los cuatro siguientes: Inter (3-2), Borussia Mönchengladbach (2-0), Atalanta (3-1) y Liverpool (3-1); y empató el último contra el Chelsea (1-1).

[1] Contabilizados todos los partidos hasta el final de la temporada 2022/23.

Como local, el Real Madrid ha disputado cuatro encuentros en otros estadios por diferentes motivos. En la temporada 1976/77, contra el Stal Mielec (1-0) en Valencia (Luis Casanova) y ante el Brujas (0-0) en Málaga (La Rosaleda). En la 1986/87, contra el Oporto (2-1) en Valencia (Mestalla), y en la 1998/99, ante el Inter (2-0) en el Sánchez Pizjuán sevillano.

El Real Madrid, además de la final de la segunda edición de la Copa de Europa contra la Fiorentina (1956/57), ha disputado en su estadio otras cinco finales internacionales. Dos de la Copa de la UEFA, en la temporada 1984/85 contra el Videoton (0-1) tras haber ganado en tierras húngaras (0-3), y en la 1985/86, la ida contra el Colonia (5-1); dos Copas Intercontinentales, ambas contra el Peñarol, la primera en 1960 con goleada a favor (5-1) y la segunda en 1966 con derrota (0-2); y, también, una de la Copa Latina en 1949 con un triunfo mínimo ante el Benfica (1-0).

El estadio Santiago Bernabéu solo es superado en partidos de esta competición por San Siro (Giuseppe Meazza), que ha acogido 231 encuentros: 125 del Milan y 99 del Inter como locales. Además, este estadio *comunale* ha albergado tres finales de la Copa de Europa sin equipos de Milán, 1970, 2001 y 2016 (Real Madrid-Atlético), y cuatro encuentros como local del Atalanta de Bérgamo.

Entre los muchos amistosos internacionales celebrados en su templo llaman especialmente la atención los enfrentamientos del Real Madrid contra selecciones que habían sido campeonas del mundo. El 29 de mayo de 1954 derrotó a Uruguay, campeón cuatro años antes con el célebre Maracanazo, y con motivo del 75 aniversario del club se enfrentó y ganó a Argentina en 1977, con un gol de Del Bosque, unos meses antes de que la albiceleste ganara su Mundial.

Por otra parte, el estadio ha sido testigo de 46 partidos de la Selección Española, incluida la final de la Eurocopa del 64 contra la URSS (2-1); cuatro del Mundial 82: Alemania Federal-Inglaterra (0-0), Alemania Federal-España (2-1), España-Inglaterra (0-0) y la final Italia-Alemania (3-1); una final de la Copa Intercontinental, en 1964, Inter-Independiente (1-0); y una final de la Libertadores, en 2018, Ríver Plate-Boca Juniors (3-1).

1944

1947

1975

1982

2007

2014

1950

1955

1988

1990

2018

2023

EL ESTRENO EN EL TEMPLO

REAL MADRID 5 - 0 SERVETTE

12 DE OCTUBRE DE 1955 — OCTAVOS DE FINAL. VUELTA

ENTRENADOR: JOSÉ VILLALONGA — **1-3-2-5**

Un mes y cuatro días después del debut en la competición en el estadio de Charmilles de Ginebra, el Real Madrid afrontaba su estreno en el Santiago Bernabéu. Fecha festiva, la Hispanidad. La eliminatoria estaba absolutamente encarrilada después del 0-2 de la ida, tantos de Muñoz, que abrió el contador de goles de su equipo en la Copa de Europa, y Rial.

Disparidad de criterios en las crónicas de la época sobre los aficionados que se dieron cita en el estadio para comenzar a respirar los nuevos vientos del torneo en ciernes. De los 40.000 se saltaba a los 70.000.

Paseo blanco. Goleada. Di Stéfano anotó el primer tanto y se guardó el honor de ser el primero en marcar en la nueva competición en el Bernabéu, y después llegaron los de Joseíto, Rial, Molowny y, otra vez, Di Stéfano. Como ya había demostrado en su casa, el Servette, uno de los clubes que participó como invitado en esta primera edición, ni siquiera supo ser fiel a su estilo futbolístico. Entrenado por Karl

Rappan, un prestigioso técnico austriaco a quien se imputa haber sido el inventor del «cerrojo», también llamado *«catenaccio»* en Italia, no fue capaz de soportar el ritmo de juego de los de Villalonga.

EL REAL MADRID EN LA COPA DE EUROPA

En un partido espléndido de nuestro conjunto los suizos fueron desbordados en el segundo tiempo

NUESTRO EQUIPO, CLASIFICADO PARA LOS CUARTOS DE FINAL, AL VENCER BRILLANTEMENTE (5-0) AL SERVETTE DE GINEBRA

Con una hora de anticipación sobre su horario normal llegó a Barajas la expedición del Servette. Hela aquí junto a los miembros de nuestra Junta Directiva, que, con nuestro presidente, acudieron a recibirlos y darles la bienvenida

Los equipos del Servette y del Real Madrid saltan al campo para disputar el partido de segunda vuelta de la primera eliminatoria de la Copa de Europa. En la foto de la derecha, el saludo de los capitanes ante el árbitro italiano, señor Pietro

Di Stéfano abrió y cerró la cuenta con el Servette. Y las fotos recogen el primero y el quinto gol de la copiosa serie

20

EL Real Madrid ha resuelto brillantemente su primer compromiso en ese gran cotejo internacional que es la Copa de Europa, donde le cabe el honor de representar al fútbol español en una pugna donde intervienen los mejores equipos del Viejo Continente. Y lo ha resuelto con la doble arma del entusiasmo y de la buena técnica, poniendo en la contienda todo el ardor con que interpreta siempre su responsabilidad ante los conjuntos extranjeros.

Se ganó en Ginebra y se ganó en Madrid. Siete cero ha sido el resultado global, desglosado en 2-0 y 5-0, respectivamente. Un «score» limpio, neto, reflejo de una indiscutible superioridad técnica. Pero no una victoria fácil. En Ginebra, los suizos potenciaban su auténtica clase y potencia por el factor campo, que les favorecía al celebrarse el primer encuentro en sus lares. Allí, en un partido que nos cogía a comienzos de la temporada —que empezaría sus jornadas oficiales tres días después—, el Real Madrid logró un resultado netamente favorable. En Madrid habría de rubricarlo con esplendidez.

Nuestro segundo partido con el Servette se celebraba en circunstancias de todos conocidas; circunstancias que, como siempre, se desmesuraban en el juicio. No habían sido brillantes nuestras actuaciones en la Liga, con la excepción del encuentro contra el Bilbao —donde nuestro equipo jugó más de lo que se le reconociera— y se nos habían echado encima —también como siempre...— los agoreros. Se pretendía poco menos que establecer una patente inferioridad de la potencia y forma del equipo con relación a la de la pasada temporada. No se tenía en cuenta, claro está, que la dureza y dificultad del encuentro de Ginebra nos debilitó considerablemente para un rendimiento normal en Vigo y, al igual que sucede siempre que un normalísimo bache conmueve nuestra regularidad de las últimas temporadas, se pregonaba nuestra decadencia.

Pero el partido del día de la Raza y de la Hispanidad sirvió para despejar la incógnita. Porque los suizos, vencidos en el primer encuentro, jugaron el segundo con una holgura de táctica que los hacía doblemente peligrosos. Sin abandonar el artilugio defensivo que en sus céspedes naciera y adquiriera carta de naturaleza, los del Servette jugaron bastante más fútbol que en Ginebra, con una elasticidad entre defensa y ataque, que allí faltara. Lo abultado de nuestra victoria no puede tapar el hecho cierto de que durante todo el primer tiempo el Servette mantuviera su peligrosidad. Media hora tardaría el Real Madrid en marcar, lo que prueba el éxito de la defensiva enemiga. Y durante todo este plazo, la delantera suiza creó mucho peligro ante Alonso, especialmente por medio de su interior izquierdo, Pastega, un delantero de clase, peligroso y agilísimo conductor de la línea. Fué a los treinta minutos cuando Di Stéfano logró un gol de antología, por la rapidez de su ejecución. Era un balón rebotado en las piernas de un jugador suizo; la pelota llevaba un extraño efecto, pero, en una centésima de segundo, el gran jugador madridista la dejó «seca» al pararla con

(Sigue.)

AGASAJOS A LA EMBAJADA DEPORTIVA HELVETICA

Tres momentos del banquete homenaje que el Real Madrid ofreciera a la expedición suiza. En la primera foto, el señor Piazzalunga hace entrega a nuestro presidente de un artístico regalo del Servette a nuestra Sociedad; en la segunda aparecen el señor Thiebaud —en cuya finca de El Escorial se celebrara una fiesta campera en homenaje a nuestros visitantes—, acompañado de los directivos del Real Madrid señores Martínez Asenjo y Paumero López, y en la tercera, los jugadores suizos recogen los regalos que, como recuerdo, les entregara el Real Madrid

21

El técnico hizo debutar a tres nuevos jugadores, que no habían jugado en tierras helvéticas: Marquitos, Atienza II (Ángel) y Joseíto. Sustituían a Oliva, Lesmes II (Francisco) y Pérez Payá. Casali y Molowny fallaron sendos penaltis, ambos lanzamientos estrellados contra el larguero.

EL PRIMER GRAN PARTIDO

REAL MADRID 4 - 2 MILAN

19 DE ABRIL DE 1956 | SEMIFINALES. IDA

ENTRENADOR: JOSÉ VILLALONGA | **1-3-2-5**

No sin llevarse un buen susto (3-0) en los cuartos ante el Partizán en el denominado «partido de la nieve», en el que los de Belgrado estuvieron a punto de igualar el 4-0 del Bernabéu, el Real Madrid afrontó las semifinales desde el obvio convencimiento de que por delante no podía quedar ningún enemigo pequeño. El rival era el Milan, campeón de Italia, con Nordahl, Liedholm y Schiaffino como supremas estrellas.

Tintes de final anticipada. Evidente choque de estilos. El Madrid atacaba en bloque, el Milan defendía permanentemente con seis jugadores. Golpe por golpe. Gol de Rial. Respuesta de Nordahl. Gol de Joseíto. Repuesta de Schiaffino... Afortunadamente para el Madrid, ya no hubo respuesta para los tantos de Roque Olsen y Di Stéfano (4-2) y viajó a Milán con esos dos goles de ventaja que terminaron siendo suficientes no sin sufrir hasta el último segundo (2-1).

EL DESEMPATE, EN CASA

REAL MADRID 4 - 0 RAPID

13 DE DICIEMBRE DE 1956 | OCTAVOS DE FINAL. TERCER PARTIDO

ENTRENADOR: JOSÉ VILLALONGA | **1-3-2-5**

Con el francés Kopa como gran refuerzo, en la primera eliminatoria los blancos se dieron cuenta de que pronto comenzaba la caza de ganar al campeón. El Rapid de Viena, campeón austriaco, salió respondón. Ida, en el Bernabéu: 4-2. Vuelta, en el Prater: 3-1. Se tenía que dar un desempate, y para elegir el escenario se jugó otro cruento partido en los despachos. Primer asalto sin acuerdo. En una segunda reunión ganó la habilidad de Raimundo Saporta, la mano derecha de Bernabéu. Oferta económica: ceder el 60% de la taquilla y pagar los gastos del viaje. Los austriacos cedieron. Finalmente se jugó en el Bernabéu y el Real ganó con cierta facilidad con dos tempraneros tantos de Joseíto y Kopa. El final del partido acabó en batalla campal. Los austriacos tuvieron mal perder. Expulsiones de Lesmes II y Happel, por agresión a Kopa, y lesión de Gento.

CAE EL TEMIBLE UNITED

REAL MADRID 3 - 1 MANCHESTER UNITED

11 DE ABRIL DE 1957

SEMIFINALES. IDA

ENTRENADOR: JOSÉ VILLALONGA

1-3-2-5

Primer rival inglés en el camino. Los británicos, siempre orgullosos, se habían negado a jugar la primera edición de la nueva competición. No la consideraban a su altura futbolística. Se creían «los mejores del mundo» y no lo querían testar sobre el terreno de juego. Cuando comprobaron que podía ser un buen escenario para demostrar sus creencias, se afiliaron a la segunda edición. Después de eliminar al Athletic, el otro representante español en el torneo, visitaron por primera vez el Bernabéu.

La prensa inglesa se volcó con la eliminatoria. Más de 200 periodistas acompañaron al equipo. Matt Busby, el entrenador del United, alardeaba de su potencial y aseguraba que el campeón sería quien ganara esta semifinal. Una de las anécdotas del choque fue que un jovencísimo Bobby Charlton no entró en el once titular y, como no había cambios, presenció el partido desde la grada. Ese día descubrió a Di Stéfano y ya nunca dejó de ser su ejemplo futbolístico.

Otra vez todo el aforo vendido. Se escribió que entraron 125.000 aficionados. Gran partido. Fútbol total. Rial, que reaparecía, abrió el marcador a la hora de juego.

Di Stéfano marcó el segundo. Para que no se pusiera en duda su espíritu indomable, el United reaccionó y Taylor, su gran delantero centro, acortó distancias. El portero español, Juanito Alonso, juró y perjuró que el balón no había entrado. También hubo una inmediata reacción local. Gol de Mateos (3-1). Buena renta para la vuelta, a pesar de que los ingleses continuaban con sus sueños de grandeza y pensaban en la remontada.

Old Trafford no intimidó lo más mínimo a los de Villalonga. A los 30 minutos, el Madrid ya ganaba con tantos de Kopa y Rial. Al final, empate (2-2) y los blancos a su segunda final, que, además, se jugaba en casa.

LA SEGUNDA, LA ÚNICA EN CASA

REAL MADRID 2 - 0 FIORENTINA

30 DE MAYO DE 1957

FINAL

ENTRENADOR: JOSÉ VILLALONGA

1-3-2-5

Los organizadores del nuevo torneo habían acordado en sus primeros estatutos que la final se jugaría siempre en el estadio del campeón de la temporada anterior. Le tocaba al Real Madrid. Precisamente, después del segundo triunfo madridista, se cambió el criterio y el vencedor ya no tendría más ese premio. El rival de turno era la Fiorentina. Otro equipo italiano, pero no del nivel mostrado por el Milan el año anterior. Los «viola», sorprendentemente, se negaron a jugar por la noche. El Real Madrid tenía preparada ya la instalación de luz con 480 focos que garanti-

EL ULTIMO (Y... SENSACIONAL) GOL MADRIDISTA EN LA II COPA DE EUROPA

Y ESTE FUE EL PRIMERO

Primer partido de la II Copa de Europa. Se enfrentan, en Madrid, el Rapid de Viena y el Real Madrid. Se defienden los austriacos dura y tercamente, pero a mitad del primer tiempo, un fenomenal remate de cabeza de Di Stéfano abrió la cuenta para nuestro equipo. Luego vendrían, antes del descanso, otro gol de Di Stéfano en remate inverosímil, que, por curioso azar, tendría igual factura que el que marcaría en el Estadio vienés del Prater, y, en la segunda mitad, otros dos, de Marsal, completando el 4-2. Primer gol madridista en la II Copa de Europa, el día 1 de noviembre de 1956

ESTE FUE EL ULTIMO GOL DEL REAL MADRID EN LA II COPA DE EUROPA. SE MARCO EN EL SEGUNDO TIEMPO. ELEVABA A DEFINITIVA LA VICTORIA SOBRE LA FLORENTINA, Y SERIA EL ULTIMO QUE REGISTRARA EL MARCADOR DE LA FINAL. NACIO EN GENTO Y TERMINO EN GENTO CON INTERVENCION DE KOPA, QUE, AL RECIBIR EL BALON DE SU COMPAÑERO, VOLVIO A ENVIARLO ADELANTADO PARA QUE EL SANTANDERINO, CON VELOCIDAD FANTASTICA, SE LANZASE HACIA LA META, SUPERANDO LA DURA OBSTRUCCION DE MAGNINI, PLANTANDOSE ANTE SARTI Y BATIENDOLO CON UN TIRO FANTASTICO DE SEGURIDAD Y COLOCACION. DOS A CERO. BROCHE DE LA VICTORIA, ULTIMO, HISTORICO GOL EN LA II COPA DE EUROPA EN EL ESTADIO BERNABEU, EL DIA 30 DE MAYO DE 1957. EL REAL MADRID VOLVIA A GANAR PARA ESPAÑA LA COPA DE EUROPA, TRAS UN PARTIDO VERDADERAMENTE MEMORABLE

zaban un grado de 1.050 lux y que se había estrenado en un amistoso días antes. Sin importarle el caudal de luz, la Fiore tenía bien claro que venía a Madrid a retrasar lo más posible su derrota. Así se deducía de su *catenaccio*. Villalonga pidió tranquilidad a sus hombres. Su equipo, al decir de su técnico, tenía un gran defecto: no tener paciencia cuando el gol se le negaba.

Los italianos se mantuvieron firmes en su cerrojo hasta el minuto 60. Hasta que Magnini derribó a un Enrique Mateos que buscaba un maravilloso pase de Kopa. Di Stéfano materializó el penalti en gol. «Lo tiré "arrastrón" porque si se lo hubiera tirado a media altura, me lo habría cazado». El portero era Sarti, que más adelante hizo gran carrera en el Inter de Helenio Herrera.

Aunque no entrara en sus planes, la Fiorentina se vio obligada a abrirse y así llegó el segundo tanto español. Galopada de Gento después de hacer la pared con Kopa y vaselina del 11, que terminó por encender el estadio. Preguntado después del partido qué velocidad podría haber alcanzado en su esprint del segundo tanto, contestó con toda naturalidad: «Ochenta por hora».

La euforia por el segundo título consecutivo alcanzó también al presidente, Santiago Bernabéu. «Me he mascado tres puros en el palco. El primero que encendí, en vista de que no llegaban los goles, lo tiré pensando que el segundo sería el de la suerte, pero he tenido que esperar al tercero. Le dedicamos esta victoria a toda España porque no creo que haya nadie en el país que no se alegre de este triunfo del Real Madrid».

LA PRIMERA GRAN GOLEADA

REAL MADRID 8 - 0 SEVILLA

23 DE ENERO DE 1958

CUARTOS DE FINAL. IDA

ENTRENADOR: LUIS CARNIGLIA

1-3-2-5

Tercera edición y primer enfrentamiento entre clubes españoles. El Sevilla jugaba la Copa de Europa porque había quedado segundo en la Liga. Antes de comenzar el partido, Di Stéfano recibió el Balón de Oro. La eliminatoria tuvo su intrahistoria. El domingo anterior, ambos equipos se habían enfrentado en la Liga y los andaluces se habían impuesto por 3-0. Los dos compartieron tren de vuelta a Madrid y, al decir de los jugadores madridistas, los sevillistas estaban un poco «subidos» de tono. Di Stéfano no se lo tomó a bien y les contestó con cuatro de los ochos goles; los otros fueron marcados por Kopa (2), Marsal y Gento.

Nada mejor para entender la situación que leer sus palabras. «En el tren no veas cómo sacaban pecho Arza y su orquesta, y nosotros calladitos. Hablamos en el campo. Cuando se quisieron dar cuenta, tenían cinco en el cuerpo. Pensaron que todo el campo era orégano tras lo de la Liga y se encontraron cardos helados. Ese día nevó sobre Madrid y la portería del fondo sur estaba helada». El evidente pique entre los jugadores de los dos equipos se vio reflejado en un intercambio de pareceres entre Marsal y Campanal, y el árbitro expulsó a los dos. En la vuelta, empate (2-2) y el Madrid clasificado para cuartos.

III COPA DE EUROPA
CUARTOS DE FINAL

8-0 EL REAL MADRID DERROTO ROTUNDAMENTE AL SEVILLA, EN UN ENCUENTRO INOLVIDABLE Y APASIONANTE

Di Stéfano (4), Kopa (2), Marsal y Gento, autores de los tantos

NUESTRO EQUIPO, EN UNA EXTRAORDINARIA ACCION DE CONJUNTO, PULVERIZÓ LOS RUMORES SOBRE SU SUPUESTA CRISIS

POCOS partidos habrán visto aumentarse su expectación lógica e inicial como este Real Madrid-Sevilla, en los cuartos de final de la III Copa de Europa. A su interés intrínseco, al que promueve la condición de alto certamen del fútbol europeo de esta competición, vino a unirse, como factor potente y avasallador, el clima de enrevesado y cálido nerviosismo que ha caracterizado la andadura del Real Madrid en el lapso de tiempo en que unos resultados adversos desencadenaron una campaña que ya se juzga en otro lugar de este BOLETIN. Por si algo faltaba, este partido entre los dos equipos españoles que participan en esta edición de la Copa de Europa venía a ubicarse en el calendario sólo tres días después de haberse enfrentado ambos en partido correspondiente a la Liga de España en el campo sevillano de Nervión, y en momentos en que la muy apurada situación del Sevilla en la tabla —colista, con el lastre de siete negativos— da un carácter dramático a cada uno de los encuentros que le restan por jugar.

Perdió el Real Madrid ese partido por un gol de diferencia, tras un durísimo encuentro, en el que se señalarían por su violencia los mismos tres jugadores del Sevilla —Liz, Romero y Valero—, a los que luego habrá que aludir como reincidentes de esa violencia tres días después. Y a estas alturas, lejanos ya de la pasión hirviente del encuentro en nuestro Estadio, no cabe dudar de que aquella victoria encandiló al once sevillano, haciéndole olvidarse de su real potencia actual y de la dura lección que en el otro partido de Liga, en Madrid, le supusiera aquel 6-0 rotundo —aceptado aquella vez, justo es decirlo, sin excusas pueriles, encajado con deportividad— en el marcador. La abisal diferencia de clase que hoy por hoy separa a ambos equipos se olvidó en un momento de euforia. Testimonios fidedignos de cronistas desplazados a Sevilla advirtieron entonces que la victoria mínima sobre el Real Madrid hacía suponer a los sevillanos un partido hasta fácil en Madrid, con diferencia de un par de goles, que el partido de vuelta borraría fácilmente.

Si el Sevilla hubiese apoyado en artes limpias esa convicción, nada tendríamos, naturalmente, que objetar. Pero se vió bien claro, no más comenzar el partido y desencadenarse la avalancha de juego de ataque del Real Madrid, que el Sevilla no fiaba sólo a su visible cerrojo esas ilusiones de un buen resultado tras un partido de aguante y contención. Al igual que sucediera en Sevilla —«ante las barbas del señor Gardeazábal», según literal expresión del enviado especial de «A B C» al partido de Liga—, Gento, Rial, Di Stéfano y Kopa, cazados a patada libre por Romero, Valero o el increíble Liz —que gusta de llevar sus desmanes al centro del campo, en persecución del rival de turno— fueron pagando el «atrevimiento» de rondar el portal sevillano. Patadas, desplantes, pérdidas de tiempo, malos gestos, violencias fueron floreando el juego sevillano, que renunciaba a la ofensiva salvo en jugadas esporádicas de Antoniet y Loren.

Pero el Sevilla no encontró esta vez, como al amparo del vociferante Nervión, un Madrid que se blandease ante el duro envite, y así, ante la pasividad del blando Van Nuffel —a quien un linier de su nacionalidad avisó a tiempo del machaqueo a que Valero sometía a Kopa en la banda, sin que el juez considerara prudente la amonestación—, el juego tomó un violentísimo cariz. Esta vez el Madrid iba a por todas, y su superioridad técnica dejaba ya el primer tiempo en un dos-cero, pareo como expresión de su dominio, reflejo de una fenomenal mala puntería en nuestro ataque. (Di Stéfano, de cabeza, y Kopa, en jugada de los cinco, los marcaron.)

En el segundo tiempo, el gran tanto de Marsal pareció desencadenar la tormenta. Tres-cero era ya resultado más difícil de borrar en el partido de vuelta, y los ánimos volvieron a encresparse. Un zancadillón de Romero a Di Stéfano, a un metro de la portería, lo sancionaba, por fin, el juez belga con penalty, clavado por el propio Alfredo. Cinco minutos después, «lo» de Campanal.

Nos resistimos —todavía— a creer en esas declaraciones de Villalonga en San Sebastián, que, de ser ciertas, comportan una grave responsabilidad, por su falacia, responsabilidad bien medida en cierto famoso artículo del Reglamento, que intenta castigar el mal ejemplo que los responsables técnicos de un equipo pueden dar con sus declaraciones. Porque lo que sucedió lo vieron más de

(Sigue en la página 18)

Durante el partido con el Sevilla, en el palco presidencial de nuestro Estadio, don Santiago Bernabéu, presidente del Real Madrid, hizo entrega al excelentísimo señor marqués de Soto Hermoso, presidente del Sevilla C. de F., de una artística bandeja de plata, obsequio de nuestra sociedad al club sevillano, como recuerdo del encuentro, y de unos regalos destinados a los jugadores del mismo.

Con su gráfica, aplastante elocuencia, estas dos fotos muestran a nuestro jugador Marsal, caído en el suelo como consecuencia de la reiterada agresión de Campanal, a la que no hizo réplica alguna, pese a lo cual fué expulsado del campo, en unión del irascible sevillista. En la primera, mientras el juez belga señala a Campanal el camino de los vestuarios, Marsal permanece en el suelo, inconsciente, a causa de los golpes recibidos. En la segunda, puede apreciarse cómo es levantado por dos jugadores del Sevilla. El juicio de la crítica, presente en el partido, fué unánime: Campanal agredió a Marsal, y éste no replicó a la agresión pero... fué expulsado

Cuesta trabajo creer que puedan ser reales esas declaraciones del entrenador sevillano Diego Villalonga, a un periódico de San Sebastián. He aquí otra prueba gráfica de lo sucedido: Campanal, expulsado por el árbitro, no acaba de abandonar el terreno y mira, todavía, hacia el sitio por donde deba andar Marsal. Más de 100.000 espectadores y la prensa madrileña en pleno y representantes de periódicos de España y del extranjero vieron lo que sucedió. Miren el gesto de Campanal... Sin comentarios

NO LE VALIO AL SEVILLA EXTREMAR PRECAUCIONES Y VIOLENCIAS

14

15

DI STÉFANO Y SU ICÓNICA FOTO

REAL MADRID 4 - 0 VASAS

2 DE ABRIL DE 1958 — SEMIFINALES. IDA

ENTRENADOR: LUIS CARNIGLIA — **1-3-2-5**

Esta instantánea, captada por el fotógrafo Agustín Vega, después de que Di Stéfano marcara, de falta directa, uno de sus tres goles al histórico Vasas de Budapest, bien vale un partido y la portada del libro autobiográfico del protagonista, *Gracias, vieja*. Otra, la enésima, gran noche del ariete blanco, que, con sus dos primeros tantos y el broche del cuarto —el tercero fue de Marsal—, encaminó a su equipo hacia la tercera final de la Copa de Europa. Lo pasó mal el Madrid en la vuelta en Budapest. El Nep Stadion (ahora estadio Ferenc Puskás) apretó y el Vasas ganó con claridad (2-0).

EL DERBI A LA EUROPEA SE VA AL DESEMPATE

REAL MADRID 2 - 1 ATLÉTICO

23 DE ABRIL DE 1959

SEMIFINALES. IDA

ENTRENADOR: LUIS CARNIGLIA

1-3-2-5

El derbi madrileño se catapultó hasta unas semifinales de la Copa de Europa y, además, Real Madrid y Atlético forzaron un partido de desempate. Máxima igualdad. En la ida, en el Bernabéu, triunfo blanco con remontada a un temprano gol de Chuzo. Rial y Puskas, de penalti, firmaron la victoria. Vavá falló otro..., o Domínguez estuvo más listo. La vuelta, en el Metropolitano. Parecía como si fuera un partido corrido. Más dominio rojiblanco, pero el marcador no pasó del 1-0. Gol de Collar.

Como todavía el valor de los goles en campo contrario no era doble, se jugó un desempate en Zaragoza (La Romareda). Espectacular ambiente. Masivo desplazamiento de aficionados. Di Stéfano fue el más rápido en desenfundar, empató Collar y Puskas reservó los billetes de la cuarta final.

LECCIÓN BLANCA EN EL PRIMER CLÁSICO EUROPEO

REAL MADRID 3 - 1 BARCELONA

21 DE ABRIL DE 1960

SEMIFINALES. IDA

ENTRENADOR: MIGUEL MUÑOZ

1-3-2-5

Aunque por aquel entonces el Clásico todavía no se entendía como tal, al menos a nivel de denominación, y el gran rival del Real Madrid todavía era el Atlético, y el derbi era el rey doméstico de las rivalidades, el Barcelona comenzaba a ganar posiciones a nivel nacional. De hecho, pocos días antes del duelo del Bernabéu se había proclamado campeón de Liga por *goal average*, por dos goles exactamente..., tras empatar blancos y azulgranas a 46 puntos. Para la ocasión, el presidente Santiago Bernabéu había movido pieza de manera drástica.

No es normal destituir al entrenador en víspera de unas semifinales de la Copa de Europa, pero él lo hizo. Agradeció los servicios prestados a Fleitas Solich para colocar en el banquillo a Miguel Muñoz. El nuevo técnico se la jugó con Del Sol, acabado de fichar, y con un juego eminentemente ofensivo. Di Stéfano y Puskas cumplieron con la tradición de marcar en la primera media hora de partido. Le costó a los de Helenio Herrera contener el aluvión blanco, pero se agarró a un tanto de Eulogio Martínez para llegar vivo al descanso.

La segunda parte fue muy vistosa, según las crónicas, y el tercer tanto local, otra vez de Di Stéfano, no llegó hasta tres minutos del final. Dos goles de renta se intuían jugosos, pero no definitivos, más que nada por todo lo que agitó la vuelta H. H. en los periódicos locales. El Real Madrid no dio opción a la reacción. Subidos

REAL MADRID
AÑO XI - 2.ª EPOCA - MAYO 1960 - N.º 119 - 5 PTAS
EL REAL MADRID
ELIMINO AL BARCELONA
Y PASO A LA FINAL DE
LA V COPA DE EUROPA
En nuestras fotos, Di Stéfano, al abrir el marcador del partido de Madrid, y Puskas, que con su primer gol en el de Barcelona iniciaba la cuenta final, resueltamente victoriosa
(INFORMACION EN PAGINAS INTERIORES

a lomos del gol de Puskas en el primer tiempo, dominaron totalmente la situación y, ya con el partido en las rebajas, se puso hasta 0-3, tantos de Gento y Puskas. El honor azulgrana, obra de Kocsis.

LA MAYOR GOLEADA SE LA LLEVAN LOS DANESES

REAL MADRID 9 - 0 BOLDKLUBBEN 1913

25 DE OCTUBRE DE 1961 — OCTAVOS. VUELTA

ENTRENADOR: MIGUEL MUÑOZ — **1-3-2-5**

Habrá que hacer caso al cartel anunciador del partido para centrar bien el nombre exacto del rival del Real Madrid de aquella fría noche otoñal. Con el paso del tiempo, el campeón danés ha entrado, hasta nueva goleada, en la historia del club blanco al convertirse en el equipo al que ha infligido su mayor goleada en la Copa de Europa. Nueve goles.

Los precios de las entradas para el partido oscilaban entre las 130 pesetas de la tribuna de preferencia y las 20 de las localidades de pie. Los niños

y los militares sin graduación uniformados podían entrar al estadio por ocho pesetas.

El 0-3 de la ida en el Odense Stadion no hacía presagiar que en la vuelta los de Muñoz podrían llegar a una goleada de ese calibre. Cinco tantos antes del descanso: Puskas y dobletes de Luis del Sol y Di Stéfano. En la reanudación, Gento tomó el relevo con otros dos tantos, Alfredo hizo el tercero de su cuenta y cerró la gran noche un defensa, Isidro, que ese día las crónicas le colocaban como centrocampista, aunque siempre fue lateral derecho.

La gran víctima de la noche, el portero danés, respondía al nombre de Erik Sorensen. Tenía entonces veintiún años y después hizo carrera larga en el fútbol escocés, hasta llegar al Rangers en la temporada 1967/68. Fue cuatro veces internacional con Dinamarca.

LECCIÓN AL CAMPEÓN

REAL MADRID 4 - 1 MILAN

29 DE ENERO DE 1964

ENTRENADOR: MIGUEL MUÑOZ

CUARTOS. IDA

1-3-2-5

Llegaba el Milan con la etiqueta de campeón de Europa. Había conquistado el título el curso anterior en Wembley, en la primera edición sin un club español en la final. Era el tercer campeón de la competición desde su puesta en marcha. Todo un equipazo con Cesare Maldini en el centro de la defensa, con Gianni Rivera, el «*bambino* de oro», como organizador y Altafini y Amarildo como referentes ofensivos. Todos a las órdenes de Luis Carniglia, que había ganado dos Copas de Europa con el Real Madrid.

Se les daba bien a los blancos el equipo *rossonero*. Ya le había eliminado en 1956 y ganado la final del 58. En esta ocasión el accidentado partido se convirtió en una gran noche para los de Muñoz. Primero se lesionó Cesare Maldini y después Félix Ruiz, que se rompió la clavícula. Amancio y Puskas, antes del descanso, encarrilaban la eliminatoria y Di Stéfano y Gento la sentenciaban en la reanudación. Lodetti marcó el del honor italiano. En la vuelta, 2-0 para el Milan, pero sin sobresaltos.

6

EL ÚLTIMO PARTIDO DE DI STÉFANO EN EL BERNABÉU

REAL MADRID 6 - 0 ZÚRICH

7 DE MAYO DE 1964

SEMIFINALES. VUELTA

ENTRENADOR: MIGUEL MUÑOZ

1-3-3-4

Evidentemente, ni el interesado, ni casi nadie, se lo podía esperar. En el momento en que lo jugó, Alfredo Di Stéfano solo disfrutó del *momento*. Era el pase a la séptima final, cinco ganadas y una perdida. Ni se podía imaginar que ese encuentro contra el campeón helvético, al que el Real Madrid ya había derrotado en la ida en tierras suizas (1-2), iba a ser su último partido de la competición en el Santiago Bernabéu. Goleada: Zoco, Felo, Müller, Puskas, Di Stéfano y Amancio. Su tanto, de cabeza a pase de Puskas. Después llegó la final de Viena, la derrota ante el Inter de H. H. y su marcha del Real Madrid.

CUATRO DE PUSKAS

REAL MADRID 5 - 0 FEYENOORD

22 DE SEPTIEMBRE DE 1965 DIECISEISAVOS. VUELTA

ENTRENADOR: MIGUEL MUÑOZ

1-3-3-4

Fue la última gran faena de Puskas en la Copa de Europa. A partir de ese partido comenzó a perder protagonismo en el equipo en favor de Velázquez y, de hecho, no jugó la final de La Sexta contra el Partizán. En esa eliminatoria contra los neerlandeses marcó en la ida en el De Kuip Stadion y cerró su exhibición con el póquer del Bernabéu. Los tres primeros y el último, uno por medio de Grosso. El húngaro ya había marcado cuatro goles en la final de Glasgow contra el Eintracht en el 60. En total marcó 36 goles en la Copa de Europa.

EL VALIOSO GOL DE PIRRI

REAL MADRID 1 - 0 INTER

13 DE ABRIL DE 1966

SEMIFINALES. IDA

ENTRENADOR: MIGUEL MUÑOZ

1-3-2-5

Para los especialistas en la materia era la final anticipada y el Inter era el claro favorito. Solo su delantera asustaba: Jair, Mazzola, Peiró, Luis Suárez y Bedin. Partido muy bronco en el Bernabéu. Los italianos, todavía dirigidos por Helenio Herrera, renunciaron a atacar a pesar de que a la media hora el portero blanco, Antonio Betancort, sufrió una lesión muscular de la que empeoró en la segunda parte y jugó prácticamente cojo el resto del partido, para desesperación de Luisito

Suárez, que pedía a sus compañeros que remataran a puerta porque el guardameta no podía casi ni tenerse en pie.

Nunca se conformaron los blancos con el gol de Pirri, que, individualmente, realizó un portentoso encuentro. Sabían que era una renta minúscula para la vuelta en San Siro, pero su ataque se desvanecía ante el cerrojo *neroazurro*. En Milán, marcó pronto Amancio. Facchetti empató en el 78. Los últimos diez minutos, al decir de los jugadores madridistas, fueron un calvario, pero se clasificaron para la final.

CAE EL AJAX DE UN JOVENCITO LLAMADO CRUYFF

REAL MADRID 2 - 1 AJAX

11 DE OCTUBRE DE 1967 | DIECISEISAVOS. VUELTA

ENTRENADOR: MIGUEL MUÑOZ

1-3-2-5

COPA DE EUROPA DE CAMPEONES

En emocionante, reñida y valerosa pugna durante ciento veinte minutos, el Real Madrid elimina al Ajax

• La bravura de nuestros jugadores, en alianza con la arrolladora decisión de Veloso, pusieron, durante la prórroga, fuera de combate al campeón holandés

• Gran ejemplo la unánime solidaridad y adhesión de la afición madrileña y madridista al equipo que peleaba por el prestigio del fútbol nacional y que, a la vez, supo hacer gala de deportiva hidalguía para el adversario

Un equipo de época que iba tomando cuerpo, el Ajax, y un jugador que, a sus veinte años, comenzaba a demostrar que pronto se convertiría en uno de los grandes de la historia, Johan Cruyff. Después del empate (1-1) en el Estadio Olímpico de Ámsterdam, con tantos del propio 9 neerlandés y de Pirri, la eliminatoria se tuvo que resolver en el Bernabéu. El Real Madrid vestía de azul y el Ajax con sus colores, para corresponder al detalle del partido de ida en que los locales vistieron de rojo y los visitantes de blanco.

Noche de perros. Faltaban De Felipe y Velázquez. Marcó Gento y empató Groot. Zoco se pegó a Cruyff con constantes ayudas de Zunzunegui. Veloso abandonó la banda para jugar de delantero centro. Prórroga. Y cuando se pensaba que una moneda al aire podría resolver la eliminatoria, Veloso redondeó el partido de su vida con el gol del triunfo «azul». Gran partido de Junquera en la portería. Cruyff, en su primera visita al Bernabéu, dejó su sello de futuro Balón de Oro.

UN EMPATE INSUFICIENTE

REAL MADRID 3 - 3 MANCHESTER UNITED

15 DE MAYO DE 1968

SEMIFINALES. VUELTA

ENTRENADOR: MIGUEL MUÑOZ

1-3-2-5

El Real Madrid rozó su novena final. De hecho, la tuvo en la mano con dos ventajas de 2-0 y 3-1 que no hacían presagiar que en su estadio los blancos se podrían dejar empatar. De la ida en Old Trafford se vino el Manchester United con un gol de ventaja. Pirri y Gento remontaron en un gran arranque. Un gol de Zoco en propia puerta podría haber sido letal, pero Amancio puso rápido el 3-1. Todo parecía controlado a pesar de que quedara la segunda parte por delante.

Grosso marcaba a Bobby Charlton y Stiles molía a patadas a Gento. El United no se rendía y aprovechó un par de errores defensivos para lograr el empate (3-3), que hacía bueno el gol de Best en la ida. Gran desilusión madridista. Lo tuvo en la mano. Se desvaneció el sueño de jugar la final en Wembley, donde nunca lo había hecho. El United ganaría esa Copa de Europa.

GRACIAS AL «GATO DE ODESSA»

REAL MADRID 3 - 0 DINAMO DE KIEV

21 DE MARZO DE 1973 | CUARTOS DE FINAL. VUELTA

ENTRENADOR: MIGUEL MUÑOZ

1-4-3-3

La clásica eliminatoria en la que la clasificación se comienza a ganar en el partido de ida, donde el Madrid lo pasó realmente mal. Se jugó en Odessa, a orillas del mar Negro, porque por las bajas temperaturas era imposible hacerlo en Kiev. El Real Madrid vistió todo de rojo, no era la primera vez que lo hacía, pero con las medias blancas. Dominio absoluto del Dinamo con un Blokhin ya en plan dominante y portentosa actuación bajo el larguero de García Remón. Esa noche se ganó el apodo del «gato de Odessa» con el que todavía se le conoce. En el Bernabéu se invirtió el panorama: Benito hizo un gran marcaje sobre Blokhin y absoluta superioridad de un equipo ya vestido de blanco. Santillana —gran gol de cabeza—, Aguilar y Amancio firmaron el pase a semifinales.

PRIMERA GRAN MACHADA

REAL MADRID 5 - 1 DERBY COUNTY

5 DE NOVIEMBRE DE 1975 OCTAVOS DE FINAL. VUELTA

ENTRENADOR: MILJAN MILJANIC

1-4-3-3

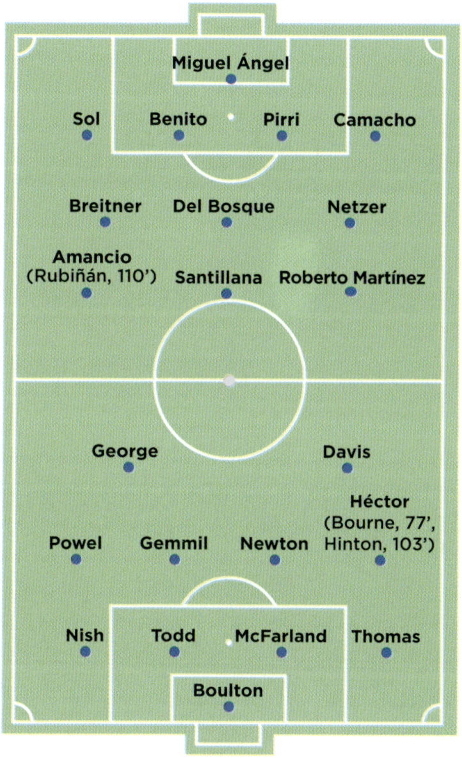

Casi todos los libros de texto futbolísticos con el Real Madrid como protagonista coinciden en que esta fue la primera gran remontada en la competición europea. Fue tal la sorpresa del resultado de la ida (4-1) en el Baseball Ground Stadium que la afición madridista entendió que esa fría noche de noviembre tenía que estar al lado de su equipo de una manera especial.

Las crónicas habían criticado con dureza el comportamiento del equipo en tierras mineras y, especialmente, el planteamiento de Miljanic. Ante la baja de Be-

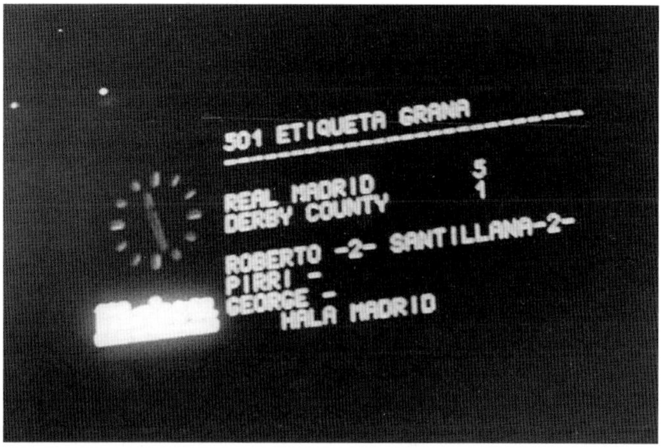

nito, optó por retrasar a Del Bosque al centro de la defensa al lado de Camacho. Además, tampoco el rival era uno de los grandes clubes ingleses. Aquella fue su segunda y última participación en la Copa de Europa.

En la vuelta, ya con Benito de central y Santillana —no jugó allí— de delantero centro, el Real Madrid agarró las riendas, tanto que a los tres minutos ya había marcado Roberto Martínez. Suyo fue también el segundo, ya en los comienzos de la segunda parte. Parecía imposible que, en la primera, los blancos no hubieran acertado más con la puerta de un Colin Boulton que no había sufrido tanto estrés en su área en toda su vida deportiva.

Santillana hizo el tercero, el que valía la clasificación. Entonces los goles fuera ya valían doble y el de Pirri en Derby cobraba ese valor. No hubo tiempo para la relajación. Marcó George. Hacía falta otro gol para forzar la prórroga. Un derribo a Amancio fue castigado con penalti. El gallego, el gran especialista en los lanzamientos desde los 11 metros, no podía con su alma y delegó en Pirri, con fama de pulmones de larga duración. Gol.

El 4-1 conducía por un túnel negro a la prórroga. Y allí apareció la figura de Santillana para crear una obra maestra. No. No fue con la cabeza: control con el pecho, «sombrero» por encima de su marcador y «voleón» con la izquierda según le caía el balón. El Bernabéu llegó al éxtasis.

LAS LÁGRIMAS DE LA VICTORIA

REAL MADRID 3 - 0 CELTIC

19 DE MARZO DE 1980 — CUARTOS DE FINAL. VUELTA

ENTRENADOR: VUJADIN BOSKOV

1-4-3-3

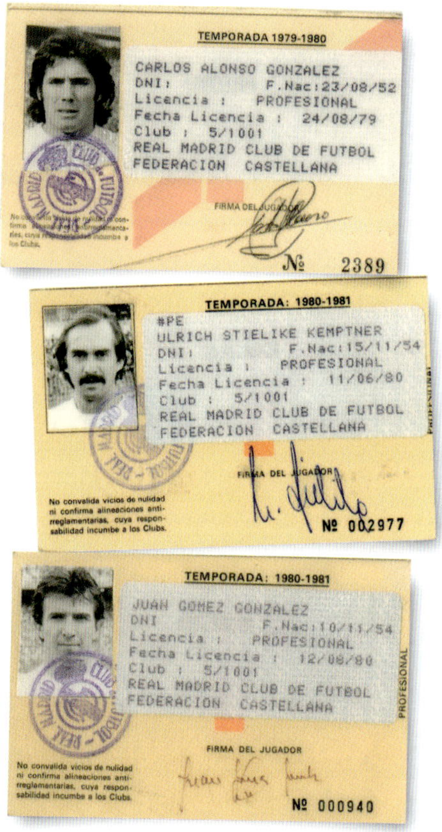

TEMPORADA 1979-1980
CARLOS ALONSO GONZALEZ
DNI : F.Nac:23/08/52
Licencia : PROFESIONAL
Fecha Licencia : 24/08/79
Club : 5/1001
REAL MADRID CLUB DE FUTBOL
FEDERACION CASTELLANA
FIRMA DEL JUGADOR
Nº 2389

TEMPORADA: 1980-1981
#PE
ULRICH STIELIKE KEMPTNER
DNI : F.Nac:15/11/54
Licencia : PROFESIONAL
Fecha Licencia : 11/06/80
Club : 5/1001
REAL MADRID CLUB DE FUTBOL
FEDERACION CASTELLANA
No convalida vicios de nulidad ni confirma alineaciones antirreglamentarias, cuya responsabilidad incumbe a los Clubs.
FIRMA DEL JUGADOR
Nº 002977

TEMPORADA: 1980-1981
JUAN GOMEZ GONZALEZ
DNI F.Nac:10/11/54
Licencia : PROFESIONAL
Fecha Licencia : 12/08/80
Club : 5/1001
REAL MADRID CLUB DE FUTBOL
FEDERACION CASTELLANA
PROFESIONAL
No convalida vicios de nulidad ni confirma alineaciones antirreglamentarias, cuya responsabilidad incumbe a los Clubs.
FIRMA DEL JUGADOR
Nº 000940

Otro traspiés foráneo en Celtic Park (2-0) que había que solucionar en casa al respaldo de la afición. Aquel Celtic ya no tenía nada que ver con el que había ganado la Copa de Europa en 1967 con un único superviviente de entonces: Bobby Lennox. Era reconocido por «la banda de los Mc»: McDonald, McAdam, McGrain, McLeod, McCluskey...

El estadio Santiago Bernabéu, en sesión vespertina porque era festivo, se vistió de gala para la ocasión. Dicen que fue Juanito, en esta ocasión, el encargado de agitar a sus compañeros en el vestuario. Se habló de que había elaborado un decálogo de lo que había que hacer en este tipo de partidos. Se trataba de intimidar al contrario desde el túnel de vestuarios, de que el primer remate llegara en el primer minuto y, aunque no fuera entre los tres palos, que al menos golpeara las vallas de la publicidad y sonara fuerte.

El primer gol fue de Santillana: doble remate, primero de cabeza y después con el pie. El córner sacado por Cunningham con el exterior lo habría firmado el mismísimo Modric. El propio Santillana dejó el segundo para Stielike y, camino de la prórroga, en el 85, Juanito se vistió de Santillana y picó de cabeza el tercero y definitivo. Terminado el partido, Juanito y Boskov se fundieron en un abrazo sin parar de llorar y con el estadio gritando: «Así, así, así gana el Madrid».

OTRA VEZ SANTILLANA Y JUANITO

REAL MADRID 2 - 0 INTER

8 DE ABRIL DE 1981

SEMIFINALES. IDA

ENTRENADOR: VUJADIN BOSKOV

1-4-4-2

La final del Parque de los Príncipes estaba en juego. El Real Madrid no llegaba desde 1966; el Inter, desde 1972. La ida se jugó en el Bernabéu y los blancos se juramentaron para llegar a Milán con la mayor renta posible. Eran conscientes de que el Inter en su estadio manejaba todos los recursos. Santillana y Juanito volvieron a aparecer y fueron los goleadores. Siempre de guardia. En la vuelta, el esperado sufrimiento hasta el final (1-0) con una gran parada de Agustín y lanzamiento masivo de objetos para despedir al finalista blanco.

LA «QUINTA» Y EL FICHAJE DE JANKOVIC

REAL MADRID 2 - 0 ESTRELLA ROJA

18 DE MARZO DE 1987

CUARTOS DE FINAL. VUELTA

ENTRENADOR: LEO BEENHAKKER

1-4-3-3

Primera participación de la «Quinta del Buitre» en la Copa de Europa después de sus brillantes experiencias en la Copa de la UEFA. Llegó Leo Beenhakker como entrenador. Tras eliminar a la Juventus, el Estrella Roja no se presentaba como rival del culto, pero en el «Pequeño Maracaná» de Belgrado los blancos salieron trasquilados (4-2). El verbo remontar no le era ajeno a esa generación y fueron Butragueño y Sanchís los autores de los goles. El equipo desplegó todo su arsenal ofensivo: Míchel, Juanito, de mediocentro, y Gordillo, para lanzar a Butragueño, Santillana y Hugo Sánchez. Tras la eliminatoria, el Real Madrid fichó del Estrella Roja a Jankovic, que había maravillado en la ida.

MARADONA, A PUERTA CERRADA

REAL MADRID 2 - 0 NÁPOLES

16 DE SEPTIEMBRE DE 1987 — DIECISEISAVOS DE FINAL. IDA

ENTRENADOR: LEO BEENHAKKER — **1-4-4-2**

Los incidentes de la eliminatoria de semifinales del año anterior contra el Bayern Múnich trajeron bajo el brazo una sanción de la UEFA. Dos partidos. El primero, a puerta cerrada, y el segundo, a más de 300 kilómetros de la capital. La cita inicial tuvo como rival al Nápoles, campeón de Italia, en el que jugaba un tal Diego Armando Maradona. Era el estreno del club partenopeo en la competición.

Impresionante observar ese Bernabéu nocturno y vacío. Unos millares de aficionados en los alrededores del estadio a los que, realmente, se escuchaba desde dentro, y en los interiores, los directivos de ambos clubes con los invitados más vips, los periodistas acreditados y un par de decenas de seres humanos que nadie comprendía cómo se habían podido «colar», pero que ahí estaban, pululando por los vomitorios en busca de una rendija para ver el partido.

Se escuchaba todo. Los suspiros y los jadeos. Por supuesto, los golpeos de balón y las palabras de los jugadores. Maradona definió el momento: «Jugar sin público es jugar adentro de un cementerio». Pronto Diego se encontró con una pareja de baile, Chendo. Marcaje al hombre. Además de los goles, el lance del partido estuvo en la acción en la que el marcador le tiró un caño al marcado. Con el tiempo, Jorge Alberto Valdano le puso frase a la osadía: «Los pájaros dispararon a las escopetas».

Míchel, de penalti, y Tendillo marcaron los dos goles blancos. Los napolitanos se quejaron amargamente del presunto juego sucio de los madridistas y de su comportamiento en los lugares más escondidos. Una forma como otra cualquiera de calentar el partido de vuelta. Maradona tiró el reto: «En el San Paolo no nos ganan ni con Di Stéfano». No hacía falta: con el empate bastó y le sirvió al Real Madrid para pasar a octavos.

EL BUITRE ECHA A VOLAR

REAL MADRID 6 - 1 ANDERLECHT

12 DE DICIEMBRE DE 1984

OCTAVOS DE FINAL. VUELTA

ENTRENADOR: AMANCIO AMARO

1-4-3-3

Nada, absolutamente nada, queda por escribir y narrar de aquella noche del mes de diciembre en la que una plantilla y un entrenador se empeñaron en protagonizar una de las noches más brillantes del Real Madrid en las competiciones europeas. No fue en «su» Copa de Europa, sino en la Copa de la UEFA, pero la categoría del torneo no puede oscurecer esa media docena de goles ni la identificación de un equipo con una afición.

Fue la noche de todos los que jugaron y los que estaban en el banquillo, pero en especial de un chaval de veintiún años que después de un año volando bajito en el primer equipo despegó hacia la eternidad. Había marcado al Innsbruck en su debut continental y esa noche hizo tres: el segundo y los dos últimos. Los otros tres, para Sanchís y Valdano por partida doble. Sobró casi toda la segunda parte. Fulminados el Anderlecht y su 3-0 de Bruselas.

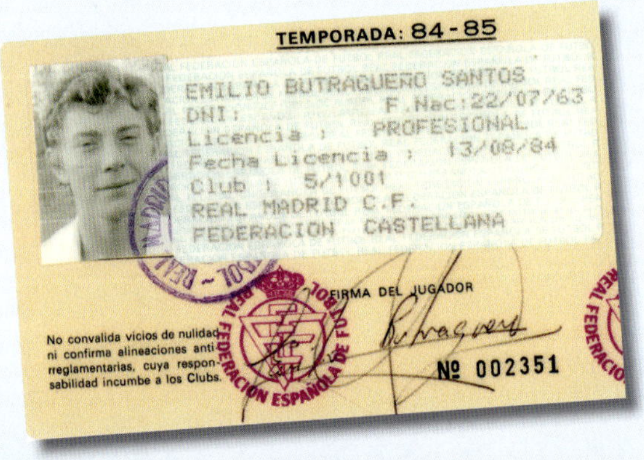

BOLETIN INFORMATIVO
Real Madrid
PUBLICACION MENSUAL. 3.ª EPOCA. NUM. 416. ENERO 1985. 125 PTAS.
Copa U.E.F.A.
6-1, al ANDERLECHT
LIGA 84-85
MIGUEL ANGEL
BUTRAGUEÑO
CORBALAN
Baloncesto:
LIGA,
COPA DE EUROPA
Trofeo "El Corte Inglés"
GRAN POSTER
SANTILLANA

LA NOCHE DE MOLOWNY

REAL MADRID 3 - 0 INTER

24 DE ABRIL DE 1985 SEMIFINALES. VUELTA

ENTRENADOR: LUIS MOLOWNY **1-4-3-3**

Era el Inter que, por historia y plantilla (Zenga, Bergomi, Brady, Altobelli, Rummenigge...), debía impresionar más que el Anderlecht, y, además, al Madrid le faltaban Butragueño (lesionado) y Sanchís (sancionado). Tenía el equipo que remontar un 2-0 y el trauma que había supuesto que la derrota de San Siro le costara el puesto en el banquillo a Amancio.

Luis Molowny, una vez más, salió al rescate. Hizo sus retoques. Marcaje al hombre de Chendo sobre Brady, la estrella irlandesa; Míchel, en la banda izquierda, y el joven Pineda, por el Buitre. Los goles, a su debido tiempo. Nada más comenzar y al terminar la primera parte, ambos de Santillana, y el tercero, Míchel, a la hora de juego.

Ya había avisado Juanito a los italianos en Milán: «Noventa *minuti* en el Bernabéu son *molto longo*».

EL TÍTULO SE GANÓ EN HUNGRÍA

REAL MADRID 0 - 1 VIDEOTON

22 DE MAYO DE 1985 FINAL. VUELTA

ENTRENADOR: LUIS MOLOWNY **1-4-3-3**

En la final, el Real Madrid de las remontadas contra el Anderlecht y el Inter se encontró con un equipo húngaro llamado Videoton. El club de una fábrica de componentes electrónicos con sede en Székesfehérvár (ni el Honved ni el Ferencvaros ni el Vasas ni el Ujpest...). De manera imprevisible, los magiares habían eliminado al Dukla de Praga, al PSG, al Partizán y al Manchester United. Para no pensar en la casualidad ni que estaba exento de méritos.

Quizá escaldados por su recorrido, los de Molowny, que ya acabó la temporada en el banquillo, se tomaron tan en serio el partido de ida que no pensaron que la vuelta era el templo de los imposibles y sentenciaron la final con goles de Míchel, Santillana y Valdano. Ambiente raro en la final de vuelta. Celebración contenida. Evidentemente, los aficionados madridistas habrían preferido ganar el título con otra proeza. Partido soso. Valdano falló un penalti al principio, y al final los húngaros se encontraron con un gol que rubricaba su gran trayectoria. El Real Madrid de las seis Copas de Europa ganaba su primera Copa de la UEFA.

IGRON, S.A. Dep. Legal. M-17.531-1985
Real Madrid C. F.
ESTADIO SANTIAGO BERNABEU
FINAL DE LA XIV COPA DE LA U.E.F.A.
VIDEOTON S. C.
REAL MADRID C. F.
MIERCOLES, 22 MAYO 1985
21 HORAS

ENTRE VALDANO Y SANTILLANA

REAL MADRID 4 - 0 BORUSSIA MÖNCHENGLADBACH

11 DE DICIEMBRE DE 1985

OCTAVOS DE FINAL. VUELTA

ENTRENADOR: LUIS MOLOWNY

1-4-3-3

El atropello del Rheinstadion de Düsseldorf, donde los de Mönchengladbach habían decidido jugar el partido contra el Real Madrid para acoger al doble de seguidores, había sido de los buenos: 5-1. Aquello era más grave de lo de la temporada anterior con el Anderlecht (3-0) o el Inter (2-0). Ahora los de Molowny —continuó contra su voluntad como primer entrenador— tenían que marcar cuatro y no recibir ninguno. Pues nada. A eso se pusieron. Para en el salto al vacío no tener ni red abajo, afrontaron la vuelta sin Hugo Sánchez, Gordillo y Chendo, sancionados, ni Sanchís, lesionado.

¡Qué facilidad para pasar de lo imposible a lo posible! Todo parecía estructuralmente calculado, como en los precedentes del curso anterior. Dos goles en los primeros 20 minutos, ambos de Valdano, de cabeza, a lo Santillana, y dos en los últimos 20, estos de Santillana, con los pies. El entrenador de aquel Mönchengladbach era Jupp Heynckes, que 13 años después ganaría La Séptima sentado en el banquillo blanco. Icónicas las imágenes de Juanito cuando fue sustituido por Martín Vázquez y abandonó el césped dando saltitos de alegría. Él solo. Con el Bernabéu rendido a sus 31 años y su indomable carácter.

DON CARLOS ALONSO GONZÁLEZ, EL HÉROE

REAL MADRID 5 - 1 INTER

16 DE ABRIL DE 1986 — SEMIFINALES. VUELTA

ENTRENADOR: LUIS MOLOWNY

1-4-3-3

Con treinta y tres años cumplidos, Carlos Santillana sumaba su decimoquinta temporada en el Real Madrid. Con la competencia interna de Butragueño, Hugo Sánchez y Valdano, ya no era titular indiscutible, pero en ese curso, 1985/86, que nos ocupa disputó un total de 42 partidos, 12 de ellos de titular. No había jugado ni un minuto en el 3-1 de la ida en San Siro, pero Molowny contó con él para la vuelta.

Estaba cargado de razones para vestirle de titular. Venía de marcar dos goles al Mönchengladbach en octavos y el Inter era su víctima preferida. Ya había sido su verdugo en las tres últimas eliminatorias disputadas entre ellos y le había hecho cuatro tantos, dos de ellos justo el año anterior. El Inter no había terminado de aprender la lección. Hugo Sánchez, de penalti, abrió el marcador. Gordillo, ya en la segunda parte, hizo el segundo. Brady, de penalti, acortó distancias, con lo que suponía marcar en campo contrario, como Valdano había hecho en San Siro. El tercero también fue del mexicano y de pena máxima. A la prórroga. El turno de Santillana. Otro doblete: 93' y 108'. Sus celebraciones estuvieron plenas de emoción, de madridismo puro. Otra final se abría en el horizonte y él estaba dispuesto a volver a ser protagonista.

EL TÍTULO SE SENTENCIA EN CASA

REAL MADRID 5 - 1 COLONIA

30 DE ABRIL DE 1986

ENTRENADOR: LUIS MOLOWNY

FINAL. IDA

1-3-4-3

La audacia y la valentía del entrenador que no quería ser entrenador, Luis Molowny, volvieron a escena en esta final de ida. A pesar de que el Colonia se asomaba arriba con dos internacionales alemanes, Littbarski y Klaus Allofs, apostó por una defensa de tres centrales, incluyó a Juanito entre los centrocampistas y juntó en el ataque a Butragueño, Hugo y Valdano. El Real Madrid, como reconoció al día siguiente la prensa internacional en sus titulares, fue una máquina de ataque. Que Klaus Allofs adelantara a su equipo motivó aún más a los madridistas, que supieron coger el viento a favor que insuflaba un Bernabéu lleno.

Las intenciones de cerrar la final en ese partido quedaron más al descubierto cuando con el 3-1 (habían marcado Hugo, Gordillo y Valdano) Molowny decidió que Santillana entrara al campo por un centrocampista, Martín Vázquez. Cuatro delanteros para los últimos diez minutos y dos tantos más, el de Valdano y el último de Santillana, que no podía faltar a su cita con el gol. Un rotundo 5-1 con el que el Real Madrid vivió en la vuelta de Colonia (2-0).

EL BAYERN, DOMADO POR PRIMERA VEZ

REAL MADRID 2 - 0 BAYERN MÚNICH

16 DE MARZO DE 1988

CUARTOS DE FINAL. VUELTA

ENTRENADOR: LEO BEENHAKKER

1-4-4-2

La gran rivalidad contra el Bayern ya comenzaba a coger color, y no era blanco precisamente. A la tercera fue a vencida. La vuelta en el Bernabéu comenzó a jugarse en los últimos minutos de la ida en el nevado Estadio Olímpico. Los alemanes ganaban 3-0 y se veían en semifinales. Butragueño y Hugo Sánchez pincharon el hielo: dos goles en seis minutos, 83 y 89. Todo se veía diferente para el segundo partido. El ambiente estaba tan caldeado como el año anterior y el portero Pfaff fue el punto de mira de los aficionados blancos. Al Real Madrid le valía con un 1-0, pero marcó dos: Jankovic, de falta, y Míchel; y demostró ser superior al Bayern que entrenaba Heynckes. Las semifinales eran un hecho.

VENGANZA ANTE EL CAMPEÓN DE EUROPA

REAL MADRID 2 - 1 PSV EINDHOVEN

15 DE MARZO DE 1989 | CUARTOS DE FINAL. VUELTA

ENTRENADOR: LEO BEENHAKKER

1-4-4-2

El Real Madrid había caído la temporada anterior ante los de la Philips en las semifinales sin perder ninguno de los dos partidos (1-1 y 0-0). La posible revancha se sirvió caliente a la temporada siguiente. El empate en Eindhoven (1-1) dejaba la solución para el Bernabéu. La noticia de aquel día no fue que el equipo ganara (2-1) en la prórroga con un golazo de Martín Vázquez y se clasificara para semifinales; la noticia de aquella noche fue que Butragueño fue suplente y solo jugó los últimos cuatro minutos del tiempo suplementario. El delantero se quejó de su suplencia, tampoco con demasiada crudeza, esa es la verdad; el presidente Mendoza llamó la atención al entrenador por tal osadía y este pidió al club que sancionara al futbolista. La paz se firmó pronto... sin multa.

HUGO-BUTRAGUEÑO: 4-3

REAL MADRID 9 - 1 SWAROVSKI TIROL

24 DE OCTUBRE DE 1990

OCTAVOS DE FINAL. IDA

ENTRENADOR: JOHN B. TOSHACK

1-4-4-2

Segundo año del galés en el banquillo. El Real Madrid venía de ganar la Liga con el récord de 107 goles a favor y en los comienzos de la nueva temporada (1990/91) seguía pisando por las mismas huellas. En la eliminatoria de dieciseisavos se había quitado del medio al Odense con un global de 10-1 (1-4 y 6-0) y en este primer partido de octavos conseguía su segunda mejor goleada en la competición después del 9-0 al Boldklubben 1913 Odense en 1961.

El rival era el Swarovski Tirol, y no está de más explicar su singularidad. Fundado en 1986 sobre las raíces del Wacker Innsbruck, despareció en 1992. En esos seis años ganó dos Bundesligas y una Copa austriacas y participó en dos Copas de Europa, dos Copas de la UEFA y una Recopa. En su banquillo se sentó en el Bernabéu un técnico de un grandísimo prestigio internacional, Ernst Happel, que había sido campeón de Europa con el Feyenoord (1970) y con el Hamburgo (1983). Con el Tirol había ganado dos Ligas y una Copa.

El partido se convirtió en un duelo goleador entre Hugo, que marcó cuatro, y Butragueño, que se quedó en tres. Los otros dos tantos fueron de Hierro y Tendi-

1.° Y además, dos penaltys a Hagi.

2.° Crisis... ¿qué crisis? Ríos de tinta se vertieron en torno a esta crisis, pero, por ahora, tendréis que esperar y hablar de otra cosa.

3.° Míchel funcionó como un excelente cerebro y pulmón a la vez.

4.° Hugo, como siempre, poniendo los pelos de punta a la defensa contraria.

5.° Villarroya ayudó mucho con su salida al campo.

REAL MADRID **29**

llo. El tanto del honor austriaco fue el 4-1. Al descanso se llegó ya con el 5-1 en el marcador. El portero visitante, Klaus Lindenberger, treinta y tres años entonces, acababa de retirarse de la Selección austriaca en el mes de agosto después de ser 43 veces internacional y disputar dos Mundiales (1982 y 1990).

En la vuelta el Real Madrid empató (2-2) en Innsbruck.

LOS TRES PRIMEROS GOLES DE RAÚL EN EUROPA

REAL MADRID 6 - 1 FERENCVAROS

18 DE OCTUBRE DE 1995 LIGUILLA. IDA

ENTRENADOR: JORGE VALDANO **1-4-3-3**

Raúl González Blanco se estrenó en la Champions en el primer partido de la liguilla contra el Ajax en el Olímpico de Ámsterdam. Derrota blanca (1-0). Su estreno en el Bernabéu fue en la segunda jornada contra el Grasshoppers suizo (2-0), tantos de Zamorano. Fue en el tercer encuentro cuando se estrenó como goleador. Y no marcó uno ni dos. Fueron tres.

El histórico Ferencvaros húngaro, su primera víctima. Raúl abrió el marcador de cabeza, lanzándose en plancha para cazar un balón prolongado por Soler. El segundo fue de tiro cruzado, raso, y el tercero, el que cerró el partido, un potente remate con la izquierda desde dentro del área grande, y el balón entró entre las piernas del portero. Su gran noche se completó con su directa colaboración en los dos goles de Zamorano. En el 3-0, el chileno aprovechó un rechace del larguero a una preciosa vaselina de Raúl y en el 4-0, el centro medido desde la derecha del propio 7.

LA SÉPTIMA SE ASOMA POR «ESA» PORTERÍA

REAL MADRID 2 - 0 BORUSSIA DORTMUND

1 DE ABRIL DE 1998

SEMIFINALES. IDA

ENTRENADOR: JUPP HEYNCKES

1-4-4-2

A veces, el fútbol tiene tiempo para instalarse en el suceso, y determinadas situaciones quedan grabadas para siempre por encima, incluso, del aspecto puramente deportivo. Eso ocurrió en la noche en cuestión. Unos aficionados se sobrepasaron en su comportamiento y tensaron más de la cuenta las cuerdas que sujetaban la portería del fondo sur, y esta cayó al césped. Todo se complicó porque hubo que ir a buscar una portería de repuesto hasta la antigua Ciudad

MORIENTES Y KAREMBEU VOLVIERON A FIRMAR LA VICTORIA MADRIDISTA

EL MADRID, CON UN PIE EN AMSTERDAM

REAL MADRID 2 – 0 DORTMUND

JAVIER DE ECHEBERRIA FOTOS: JORGE IGLESIAS

El Real Madrid consiguió una importantísima, y merecida victoria ante el vigente campeón de Europa. Pero hasta llegar a esta situación el Real Madrid tuvo que superar una serie de adversidades que tienen su origen en la gamberrada protagonizada por cuatro energúmenos, con la consecuencia de la ya tan conocida rotura de una de las porterías. Este hecho hizo que el halo mágico, la comunión que había entre el equipo y la afición, instantes antes de comenzar el partido, se rompiera de manera brusca, trajo como consecuencia la parada de más de una hora con lo que ello implica en la mentalización de unos profesionales que estaban deseosos de escribir cuanto antes otra gesta europea. Y la escribieron a lo grande, demostrando una gran superioridad sobre sus antagonistas en casi todo el partido. Una victoria construida en la solidez de todas las líneas del equipo, desde Illgner, que resolvió con acierto el escaso trabajo que tuvo, pasando por la defensa, con un Sanchis excepcional, tanto en la anticipación como a la hora de sumarse al centro del campo. Él y Fernando Sanz, que realizó un partido muy serio, con una gran calidad y aplomo, se encargaron de anular cualquier intento alemán. Mientras, Panucci y Roberto Carlos, se convertían en dos atacantes más, subiendo con soltura por sus respectivas bandas. En el centro, pivotando sobre un completísimo Redondo, con Raúl Seedorf y Karembeu, el Madrid iba tejiendo su juego para lanzar a Mijatovic y Morientes como flechas envenenadas contra el portal de Klos. El primer fruto llegó de la bota de Morientes tras un servicio medido de Roberto Carlos. El zarpazo dejó herido al Borussia que pudo encajar un par de goles más en el primer periodo. Luego, tras el descanso, el Madrid bajó el tono físico y los alemanes se dejaron notar, buscaron con algo más de decisión la portería de su compatriota Illgner. Pero entonces apareció Karembeu, Hizo una pared de ensueño con Seedorf, se escapó por su banda, la derecha, y cuando todos pensábamos que iba a servir un centro a Suker, empalmó un gran disparo que se coló en la portería alemana. Era el 2-0 y con él, medio billete para Holanda.

REAL MADRID

25 Illgner
17 Panucci
19 Fernando Sanz
5 Sanchis
3 Roberto Carlos
27 Karembeu
6 Redondo
10 Seedorf
7 Raúl
8 Mijatovic
15 Morientes

ARBITRO:

Van Der Ende, de Holanda. Mostró tarjetas amarillas a Sanchis, Julio César, Herrlich, Reinhardt y Freund.

GOLES:

1-0. Min. 24: Morientes.

2-0. Min. 67: Karembeu.

BORUSSIA DORTMUND

1 Klos
16 Kree
26 Binz
5 Julio César
7 Reuter
2 Reinhardt
18 Ricken
8 Zorc (min. 81)
24 But
4 Freund
11 Herrlich
27 Decheiver (min. 46)
9 Chapuisat

Deportiva y, entre unas cosas y otras, el partido comenzó con 70 minutos de retraso. Intentó el club alemán ganar el partido sin jugarlo, pero finalmente se jugó y ganó el Real Madrid con claridad. Casualmente, en esa portería, la nueva, acomodada deprisa y corriendo, Karembeu marcó el segundo gol, sin duda el que apuntaló el pase a la final.

El primero lo había marcado Morientes, pero el del francés fue uno de esos tantos que se perpetúan en la memoria. Pase en profundidad de Morientes al espacio y potente galopada del Karembeu por el carril del 8. Al entrar en el área optó por el remate cruzado y fuerte. ¿Puntera? Ni él supo explicar cómo dio a aquel balón que acercaba tanto a la final. En la vuelta, el 0-0 confirmaba el hecho: el Real Madrid jugaría su décima final de la Copa de Europa.

APARECE ANELKA

REAL MADRID 2 - 0 BAYERN MÚNICH

3 DE MAYO DE 2000

SEMIFINALES. IDA

ENTRENADOR: VICENTE DEL BOSQUE

1- 3-4-3

La retina del madridismo no había terminado de olvidar el taconazo de Redondo en Old Trafford de dos semanas antes cuando el Bayern Múnich volvía a cruzarse en el camino con otra final en juego. Tercer enfrentamiento de la temporada, y los dos primeros, en la liguilla, habían salido cruz. Del Bosque, para cambiar de dirección, apostó por Anelka, que venía consumiendo la temporada sin pena ni gloria. Fue el francés quien abrió el marcador a los cuatro minutos. A partir de ese momento su equipo jugó todo el partido cuesta abajo. Pronto llegó el segundo, mérito de la internada de Míchel Salgado, aunque lo marcara en propia puerta Jeremies. En la vuelta, Anelka volvió a justificar su carísimo fichaje y con otro tanto catapultó a su equipo hasta París.

Teka

APOTEOSIS EN PLENO DILUVIO

REAL MADRID 2 - 0 BAYERN MÚNICH

10 DE ABRIL DE 2002

CUARTOS DE FINAL. VUELTA

ENTRENADOR: VICENTE DEL BOSQUE

1-4-4-2

Como más adelante queda reflejado (en el capítulo 5), la rivalidad con el Bayern Múnich comenzaba a ser obsesiva por repetitiva. Los enfrentamientos se sucedían y las cuentas pendientes se traspasaban de unos partidos a otros. En esta ocasión, también la ida se jugó en Múnich y la remontada bávara de los últimos minutos les hizo crecerse más de la cuenta. Muchas bravuconadas. Desde el entrenador Hitzfeld, «somos el mejor equipo del mundo», al portero Kahn, «no me meten dos goles en el Bernabéu ni loco».

En el Real Madrid se intentaba mantener la compostura, pero Fernando Hierro avisaba en la víspera: «No nos podemos dejar pisotear por nadie. Hablaremos en el campo». Y hablaron. Del Bosque recuperó a Figo, que no había podido jugar el partido de ida. Cayó el diluvio sobre el Bernabéu, accidente que solo hizo endurecer más el partido. Las entradas de unos y de otros sobre una pista de patinaje enardecían a un público identificado como pocas veces con su equipo. Los goles los marcaron Helguera y Guti, ya en la segunda parte, el primero al más puro estilo de un delantero centro, cazando un centro de Roberto Carlos en el área pequeña. El segundo, obra de un Guti que acababa de sustituir a Morientes. Solo él sabe cómo colocó su pie derecho para sacar un remate tan certero. El otro gran protagonista de aquella noche de primavera fue Zinedine Zidane, que descorchó el tarro de todas sus esencias futbolísticas.

TRAS EL SUSTO, LA GLORIA

REAL MADRID 1 - 1 BARCELONA

1 DE MAYO DE 2002

SEMIFINALES. VUELTA

ENTRENADOR: VICENTE DEL BOSQUE

1-4-4-2

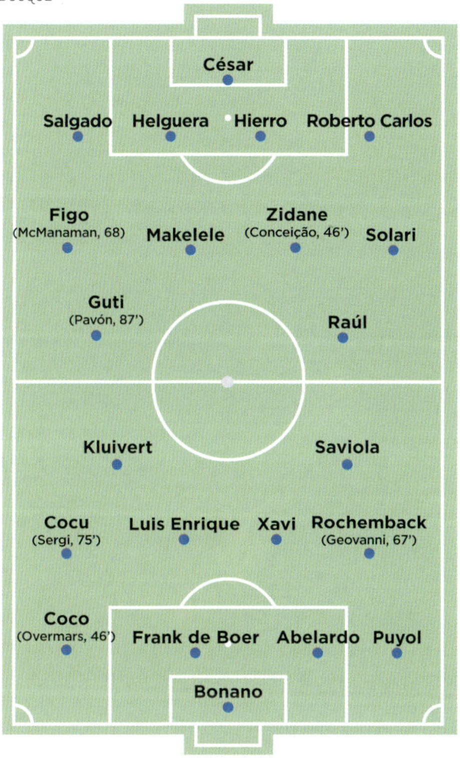

Día festivo y susto previo por la explosión de un vehículo bomba en las cercanías del estadio. No hubo víctimas, pero se vivieron momentos de alta tensión que pusieron en peligro la celebración del partido. Con el visto bueno de la Policía y de las autoridades, se terminó jugando. El Real Madrid había conseguido un 0-2 en el Camp Nou que le permitía afrontar la vuelta con ciertas garantías. Estas aumentaron con un golazo de Raúl desde fuera del área. Ni el tanto de Helguera en propia puerta puso en peligro la eliminatoria, y el Madrid, desde el control, aseguraba su presencia en la final de Glasgow.

MODRIC Y BALE DESCUBREN EL BERNABÉU

REAL MADRID 4 - 0 TOTTENHAM

5 DE ABRIL DE 2011

CUARTOS DE FINAL. IDA

ENTRENADOR: JOSÉ MOURINHO

1-4-4-2

¿Lejos estaban, o no, Luka Modric y Gareth Bale cuando pisaron esa noche el césped del Santiago Bernabéu con la camiseta azul oscuro del Tottenham de que, dos temporadas después en el caso del croata y tres en el del galés, ese estadio iba a ser el escenario de sus éxitos y de que con el equipo que entonces tenían enfrente ganarían hasta cinco Champions? Modric, con su 14 a la espalda, y Bale, con el 3, estuvieron, como el resto de sus compañeros, a merced de un Real

Madrid inspirado en grado sumo. Entonces la estrella de Bale lucía más que la de Modric, y en el Bernabéu dejó constancia de su velocidad, sobre todo en la segunda parte, cuando pasó a jugar por la izquierda con Sergio Ramos de marcador.

Fue la noche de Adebayor, que marcó los dos primeros goles, sus únicos tantos con el equipo blanco en la competición. Los otros tuvieron la firma de Di María y Cristiano Ronaldo. Van der Vaart, que las dos temporadas precedentes había jugado con el Madrid, lo hacía en el Tottenham.

ation that excites
OBLAK
13
14
23

GOOOL
Fly
Emirates
adidas
RESPECT
UEFA CHAMPIONS LEAGUE

LA NOCHE DE CHICHARITO

REAL MADRID 1 - 0 ATLÉTICO DE MADRID

22 DE ABRIL DE 2015 CUARTOS DE FINAL. VUELTA

ENTRENADOR: CARLO ANCELOTTI **1-4-3-3**

Su primer gol con el Real Madrid en la Champions significó el pase a las semifinales. El mexicano, que jugó de titular por las lesiones de Benzema y Bale, sentenció en el minuto 88. Enloqueció en la celebración. El Atlético esa temporada había ganado al Madrid la Supercopa y los dos partidos de Liga, y le había eliminado de la Copa del Rey. Al octavo enfrentamiento cambió el guión. El 0-0 del Calderón no se movía tampoco en el Bernabéu. Apuntaba prórroga cuando Chicharito marcó ese tanto de ariete clásico, en el punto de penalti.

CUATRO DE CRISTIANO Y TRES DE BENZEMA

REAL MADRID 8 - 0 MALMÖ

8 DE DICIEMBRE DE 2015 — SEXTA JORNADA DE LA LIGUILLA

ENTRENADOR: RAFA BENÍTEZ

1-4-3-3

Noche de máxima inspiración por partida doble: Cristiano y Benzema. Sobre todo, por parte del portugués, que, además de marcar sus cuatro goles de manera consecutiva en 20 minutos, entre el 39 y el 59, colaboró en los dos primeros del francés, no sin que antes él mismo tuviera hasta tres claras ocasiones más. Insaciable. El primero, con la derecha de falta directa. El segundo, con la izquierda, de esos de empujar. El tercero y el cuarto, también con la diestra, ambos desde dentro del área. Con ese póquer, CR sumaba ya 11 goles, que le convertían en el máximo goleador de una liguilla en la competición. Kovacic completó la goleada.

También fue una noche especial para el técnico, Rafa Benítez. Siendo entrenador del Liverpool ya había conseguido una goleada idéntica contra el Besiktas. Y las dos se convertían en las mayores victorias de la Champions. Fueron ocho, pero pudieron ser el doble. Wiland, el portero sueco, jugó la primera parte con una chichonera. Se la quitó en la segunda..., pero le cayeron cinco más.

Rörläggaren

ARBELOA
17

12

CR7 SIEMPRE ESTÁ DE GUARDIA

REAL MADRID 3 - 0 WOLFSBURGO

12 DE ABRIL DE 2016 — CUARTOS DE FINAL. VUELTA

ENTRENADOR: ZINEDINE ZIDANE

1-4-3-3

Ya con Zidane en el banquillo, tras sustituir a Benítez en enero, no entraba en el guion la derrota de Wolfsburgo (2-0). Se desempolvaron los recuerdos de las remontadas de época, pero la realidad es que el Real Madrid no remontaba una eliminatoria en la vuelta desde 2002, cuando superó el 2-1 de Múnich con un 2-0 en el Bernabéu. Desde entonces, en las ocho eliminatorias de Champions en las que había perdido en la ida, nunca se clasificó.

Por el contrario, el presente animaba a pensar que era posible. El equipo de Zidane estaba siendo intratable en su estadio: siete goleadas en ocho partidos para un total de 35 goles. Bajo ese prisma, el equipo salió motivado en vena... y Cristiano hizo el resto. Otros tres goles. Dos en el primer tiempo y el definitivo en el segundo, de falta directa. A «semis».

BALE GUÍA HACIA LA FINAL

REAL MADRID 1 - 0 MANCHESTER CITY

4 DE MAYO DE 2016 SEMIFINALES. VUELTA

ENTRENADOR: ZINEDINE ZIDANE **1-4-3-3**

En el partido de ida los hombres de Zidane y los de Pellegrini parecieron ponerse de acuerdo para que las semifinales y el honor de pasar a la final se decidiesen en el partido del Bernabéu. El empate sin goles dejaba todo abierto, y fue complicado cerrarlo porque tampoco en la vuelta ninguno de los equipos estaba por arriesgar.

El local al menos tenía la coartada de haberse adelantado pronto en el marcador con un gol de Bale, que tocó en Fernando y acabó en la escuadra. Lo suficiente. Sin sentirse acosado, los blancos llevaron el partido por el cauce que les convenía. La novedad del encuentro fue la titularidad de Jesé, además como delantero centro, en ausencia de Benzema. No estuvo fino y en la segunda parte pasó a la banda izquierda, y Cristiano, que todavía no estaba totalmente recuperado de una lesión —no había jugado la ida—, pasó al centro. Carvajal, inmenso, fue el mejor sobre el campo, y el Real Madrid ya estaba en otra final, donde le volvía a esperar el Atlético.

OTRO TRIPLETE DE CR7... Y VAN SIETE

REAL MADRID 3 - 0 ATLÉTICO DE MADRID

2 DE MAYO DE 2017 SEMIFINALES. IDA

ENTRENADOR: ZINEDINE ZIDANE

1-4-4-2

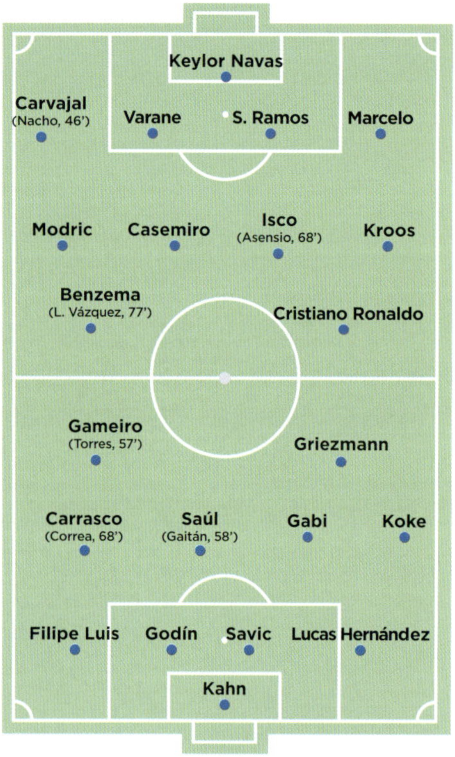

Al final fueron ocho los tripletes goleadores de Cristiano Ronaldo en la Champions, porque consiguió uno más con la Juventus en 2019. Aquel contra el Atlético que nos ocupa fue el séptimo desde que consiguiera el primero contra el Ajax y el segundo consecutivo en esa temporada 2016/17. En cuartos, ya le había marcado tres al Bayern Múnich en el Bernabéu (4-2).

Su figura se agigantaba. Sus goles abrían y cerraban los partidos. Nunca el Atlético de Simeone se había mostrado tan impotente para frenar al portugués. Quedaba por delante la vuelta, pero los aficionados blancos comenzaron a comprar los billetes para Cardiff. En el Calderón, el Madrid sufrió una embestida (2-0)..., pero se recuperó antes del descanso con el gol de Isco (2-1) tras una monumental jugada de Benzema.

RONALDO
7
ISSAN
SO

10
11
adidas

BUENA RENTA PARA PARÍS

REAL MADRID 3 - 1 PSG

14 DE FEBRERO DE 2018 | OCTAVOS DE FINAL. IDA

ENTRENADOR: ZINEDINE ZIDANE | **1-4-4-2**

«Demasiado pronto», pensaron los dos equipos cuando les emparejó el sorteo. Eran dos de los candidatos al título. El Real Madrid porque lo es siempre; el PSG porque ya entonces tenía impaciencia por ello. Zidane movió pieza. Isco, dentro; Bale, en el banquillo. Un centrocampista más. Se adelantó el PSG con un gol de Rabiot, pero el empate de Cristiano, de penalti, justo antes del descanso, hizo desconfiar a los franceses. El Real Madrid esperó su momento, que llegó con los cambios. Especial el de Asensio, que dio los pases de los dos últimos tantos al propio Cristiano y a Marcelo, que pasaba por allí.

KEYLOR, PURAS PARADAS, HACE BUENO EL 1-2 DE LA IDA

REAL MADRID 2 - 2 BAYERN MÚNICH

1 DE MAYO DE 2018 — SEMIFINALES. VUELTA

ENTRENADOR: ZINEDINE ZIDANE

1-4-4-2

«Defendamos el trono, conquistemos la gloria», rezaba un inmenso mural en el fondo sur del Bernabéu. No hay mejor ambiente en el Bernabéu que el de las semifinales. De siempre, de toda la vida. Cuando huele una final, el madridismo se enardece. Eso arriba, en las gradas. Abajo, en el césped, aunque lo supieran por anteriores precedentes, pronto se dieron cuenta los de Zidane de que ante el Bayern vale menos que ante otros ganar en su casa (1-2). Insistió el técnico con los cuatro centrocampistas, pero sorprendió con la suplencia de Casemiro. Decidió

que Kovacic ejerciera de *brasileño* y Modric se escorara a la banda derecha para echar una mano a Lucas Vázquez en ausencia de Carvajal.

Los alemanes salieron a retorcer brazos y a los tres minutos Kimmich ya había igualado el factor del gol en campo contrario. Ante esas embestidas lo mejor que puedes hacer es embestir también, y Benzema empató de inmediato (11'). Nada más volver del descanso, Benzema aprovechó un regalo del portero Ulreich. Ni por esas se rindió el Bayern. Marcó James, que no lo celebró. Ese 2-2 era una bomba de relojería. Un gol clasificaba a los alemanes, pero allí apareció Keylor Navas. Puras paradas. Hasta ocho ofrecieron sus estadísticas. Ya lo dijo Heynckes, el entrenador de La Séptima, que se sentaba ahora en el otro banquillo: «Denle las gracias a Keylor por la final».

RODRYGO, TRAS LAS HUELLAS DE RAÚL

REAL MADRID 6 - 0 GALATASARAY

6 DE NOVIEMBRE DE 2019

CUARTA JORNADA DE LA LIGUILLA

ENTRENADOR: ZINEDINE ZIDANE

1-4-3-3

Tenía dieciocho años y 301 días. El 25 de septiembre se había estrenado en la Liga con un gol a los dos minutos de pisar el terreno de juego. Un mes después debutó en la Champions como titular en Estambul y el 6-N, en el Bernabéu, ante el Galatasaray, abrió su cuenta goleadora en la competición europea con tres goles. Se convertía en ese momento en el segundo jugador más joven en marcar un *hat-trick* en la Champions después de Raúl, que lo había hecho con dieciocho años y 113 días ante el Ferencvaros en el 95.

El suyo fue el triplete perfecto. El primer gol fue con la izquierda; el segundo, con la derecha. Ambos en 6 minutos y 14 segundos, el doblete más rápido de la historia de la competición. El tercero, el último de la media docena, de cabeza. Además, dio el pase de gol en uno de los dos de Benzema, los números 49 y 50 del francés en Champions. Sergio Ramos, de penalti, redondeó la noche. Rodrygo salió coreado del Bernabéu con el balón entre las manos

55

EN PANDEMIA Y EN EL DI STÉFANO

REAL MADRID 3 - 1 LIVERPOOL

6 DE ABRIL DE 2021

CUARTOS DE FINAL. IDA

ENTRENADOR: ZINEDINE ZIDANE

1-4-3-3

En plena pandemia y siempre sin público, el Real Madrid decidió jugar los partidos de la liguilla de la Champions en el estadio Alfredo Di Stéfano (contra Shaktar, Inter y Borussia), como hacía normalmente en la Liga, y en octavos recibió al Atalanta y en cuartos, al Liverpool. Pocas horas antes de comenzar este duelo, una baja por COVID-19, Varane, sustituido sobre la marcha por Militão. Un señor contratiempo si se tenía en cuenta que tampoco podían jugar Carvajal y Sergio Ramos, por lo que Zidane tuvo que recomponer toda la línea.

En el silencio del Di Stéfano se escuchó más fuerte que nunca la voz de Vinícius. Aquel fue posiblemente su primer gran partido internacional. Marcó dos goles, el primero y el tercero, y pudieron ser cuatro o cinco. Asensio, también inspirado, marcó el otro. El Liverpool salió medio vivo gracias a un ramalazo de Salah. La vuelta en Anfield no fue lo que se temía. Empate (0-0) y a «semis».

TRIPLE DE KARIM, ANTE MESSI, NEYMAR Y MBAPPÉ

REAL MADRID 3 - 1 PSG

9 DE MARZO DE 2022 — OCTAVOS DE FINAL. VUELTA

ENTRENADOR: CARLO ANCELOTTI — **1-4-3-3**

Un gol de Mbappé en la prolongación del partido de ida bastó para que la vuelta en el Bernabéu pasara, inmediatamente, a la categoría de las remontadas. Menor, pero remontada. Faltaban Casemiro y Mendy, sancionados. En una primera parte pletórica de los franceses, volvió a marcar Mbappé. La cuesta se empinaba. Dos goles, que pudieron ser tres porque le anularon otro a Kylian. Ancelotti tomó decisiones. Camavinga y Rodrygo, al campo. Media hora por delante. Un, dos, tres: Benzema. Un francés verdugo de los franceses. Messi, Neymar y Mbappé abandonaron el Bernabéu preguntándose de dónde sacaba el Real Madrid esa fuerza interior.

Emirates
FLY BETTER

BENZEMA
9

DEL 0-3 AL INFINITO

REAL MADRID 2 - 3 CHELSEA

12 DE ABRIL DE 2022

CUARTOS DE FINAL. VUELTA

ENTRENADOR: CARLO ANCELOTTI

1-4-1-3-2

Es fácil decirlo, pero no hacerlo. Cuando comienzas un partido en casa con dos goles de ventaja es complicado no caer en la tentación, aunque sea de pensamiento, de que todo está hecho. O casi. Lo inesperado fue que el rival saliera como salió el Chelsea. A galope perdido. Nada que perder. A los 74 minutos ya ganaba 0-3 y Courtois paraba el cuarto. Estaba en semifinales. Como ante el PSG, Carlo tiró de los cambios, y Rodrygo, nada más entrar en escena, hizo bueno un gran pase de Modric. La prórroga era un mal menor tal y como había estado el panorama. El técnico tuvo que improvisar la defensa, Lucas-Carvajal-Alaba-Marcelo, en espera de que uno de los de arriba hiciera alguna de las suyas. La hicieron. Galopada de Vinícius y gol de Benzema (2-3). La derrota más dulce.

Emirates
17

Real Madrid
Irizar
1565 JLR

EL MÁS DIFÍCIL TODAVÍA

REAL MADRID 3 - 1 MANCHESTER CITY

4 DE MAYO DE 2022 SEMIFINALES. VUELTA

ENTRENADOR: CARLO ANCELOTTI **1-4-1-3-2**

Ya nadie hacía cuentas. Ni la prensa especializada ni los aficionados (españoles e ingleses). Ni Ancelotti ni Guardiola. Imposible obviar de dónde se venía, del partido del Etihad. Había sido un carrusel en el que el Real Madrid siempre había estado por debajo en el marcador. El 4-3 final habría valido más para los blancos el año anterior, pero los goles fuera ya no tenían valor doble.

Bernabéu. Parecía como si los dos equipos quisieran evitar la locura de Mánchester. Un paso al frente y otro al lado. Un gol podía ser decisivo. Y marcó Mahrez (72'). El más difícil todavía. Remontar dos tantos en veintipocos minutos.

Ancelotti, que ya había sentado a Kroos para meter a Rodrygo, se españolizó del todo. De perdidos al río. Fuera Casemiro y Modric. Se disponía a afrontar el gran reto sin la «Santísima Trinidad», pero con Camavinga y Asensio. El City olfateó sangre y se lanzó a por la fiera herida. Tuvo tres ocasiones para sentenciar.

Minuto 90. Gol de Rodrygo. Media faena. Minuto 91. Gol de Rodrygo, de cabeza (2-1). Prórroga. Segunda en tres eliminatorias.

Ancelotti y Guardiola tenían que recomponer sus onces, mediatizados por los cambios. En eso estaban cuando Rubén Dias derribó a Benzema dentro del área. El francés no se escondió. Lanzó y marcó.

Para un duelo como ese faltaba un mundo. Del ataque cartaginés el Madrid pasó a la defensa numantina. Cinco atrás, cuatro en el medio y solo Rodrygo en punta. ¡¡Finaaaaal!! El Madrid ya estaba en París.

Emirates
FLY BETTER

NDISE

REAL MADRID C. F.
3 - 1
MANCHESTER CITY
STORE.UE
UEFA

BELLINGHAM SE ESTRENA CON GOL

REAL MADRID 1 - 0 UNION BERLIN

20 DE SEPTIEMBRE DE 2023

PRIMERA JORNADA DE LA LIGUILLA

ENTRENADOR: CARLO ANCELOTTI

1-4-1-3-2

Aunque todos los datos estadísticos de esta obra, en cuanto a partidos y goles se refiere, están cerrados con fecha 1 de septiembre de 2023 y no se contabilizan los de la temporada en curso (2023/24), la extraordinaria puesta en escena de Jude Bellingham desde su llegada al Real Madrid merecía plasmarse ya en estas páginas, y de ahí la licencia de incluir su primer encuentro en la Champions en el Santiago Bernabéu en esta relación de «50 partidos, 50 historias» acontecidos todos en el «templo» madridista. Un guiño al futuro más presente.

Estamos, entonces, ante el partido 477 del club en «su» competición, primero del futbolista inglés con el Real Madrid. Antes, con el Borussia Dortmund, ya había disputado 23 encuentros en tres temporadas con seis tantos. Con cinco partidos de Liga jugados y cinco goles marcados, Jude escuchó por primera vez la música de la Champions en su nueva casa y comenzó a sentir lo que la Copa

de Europa representa y significa para el club, esa liturgia especial del Santiago Bernabéu en esas noches, y no quiso pasar inadvertido.

Todo lo contrario. No encontró mejor forma de estrenarse que con un tanto... en el minuto 94. El del triunfo. Debut soñado, gol de tres puntos. El primero del infinito.

Emirates
FLY BETTER
RMCF

3

TODOS LOS CAMPEONES

PHILISHAVE
PHILIPS

UN TOTAL DE 179 JUGADORES **PARA 357 TÍTULOS**

El Real Madrid, contabilizando la temporada en curso, 2023/24, ha participado en 54 de las 69 ediciones de la Copa de Europa y ha ganado 14 títulos. Lo que significa que ha sido campeón casi en una de cada cuatro participaciones (3,85 exactamente). A este escalofriante dato se puede añadir que ha llegado hasta las semifinales en 32 ocasiones, más de la mitad de las ediciones jugadas, y en 17 de ellas consiguió el pase a la final.

Con las 14 Copas como referencia y teniendo en cuenta el criterio oficial aplicado, que el jugador en cuestión perteneciera a la primera plantilla del club, independientemente de que jugara algún partido en la competición, un total de 179 futbolistas de los que han pasado por la nómina blanca han ganado, al menos, en una ocasión esta competición fetiche.

La delantera diabólica: Kopa, Rial, Di Stéfano, Puskas y Gento

Inigualable hasta ahora el récord de Francisco Gento, el único jugador que ha ganado seis, las cinco primeras consecutivas, más La Sexta, la de «los yeyés», seis años después. En su caso se puede decir que no solo vivió de Copas de Europa: en sus 18 temporadas en el club (1953-1971) ganó también 12 Campeonatos de Liga, dos Copas de España, dos Copas Latinas y una Intercontinental. Nunca como ahora su «sextete» se ha visto amenazado, pero para su satisfacción son jugadores del Real Madrid (Carvajal, Nacho, Modric y Kroos) o que pertenecieron a la disciplina madridista (Cristiano, Benzema, Casemiro, Marcelo o Isco, todos todavía en activo) los que están al acecho.

La relación de los que ganaron una vez el torneo asciende a casi un centenar de futbolistas, 97 exactamente. Sumadas todas las Copas de Europa conquistadas por sus jugadores, el club blanco llega a las 357 unidades[1].

Se da el caso de que algunos de los jugadores citados en esta relación tienen en su poder alguna Copa de Europa más, aparte de las conseguidas jugando en el Real Madrid. Los ejemplos más sonoros y recientes han sido los de Cristiano Ronaldo y Kroos, que, respectivamente, ya habían ganado una con el Manchester United (2008) y otra con el Bayern Múnich (2013) antes de vestirse de blanco.

[1] El criterio adoptado para confeccionar esta relación es el que el club mantiene oficialmente: suma el trofeo en cuestión todo aquel jugador que perteneciera a la primera plantilla del Real Madrid en esa temporada, aunque no jugara ningún partido.

Pero en un pasado no muy lejano, y todos en el siglo XXI, nos encontramos con más situaciones parecidas.

Eto'o redondeó su Champions «blanca» con tres más posteriores: dos con el Barcelona (2006 y 2009) y una cuarta con el Inter (2010). Es el mismo caso de Fernando Redondo, que sumó otro título cuando llegó al Milan (2003). Por el contrario, David Alaba aterrizó en el Bernabéu ya con dos «orejonas» ganadas con el Bayern (2013 y 2020); Seedorf también había conseguido una con el Ajax (1995) y posteriormente conquistó dos más con el Milan (2003 y 2007); Xabi Alonso la había levantado ya con anterioridad con el Liverpool (2005) y Panucci se había estrenado con el Milan (1994).

CON SEIS COPAS DE EUROPA, un jugador (seis títulos)

- 1956-1960 y 1966. Las cinco primeras consecutivas y La Sexta: **Gento.**

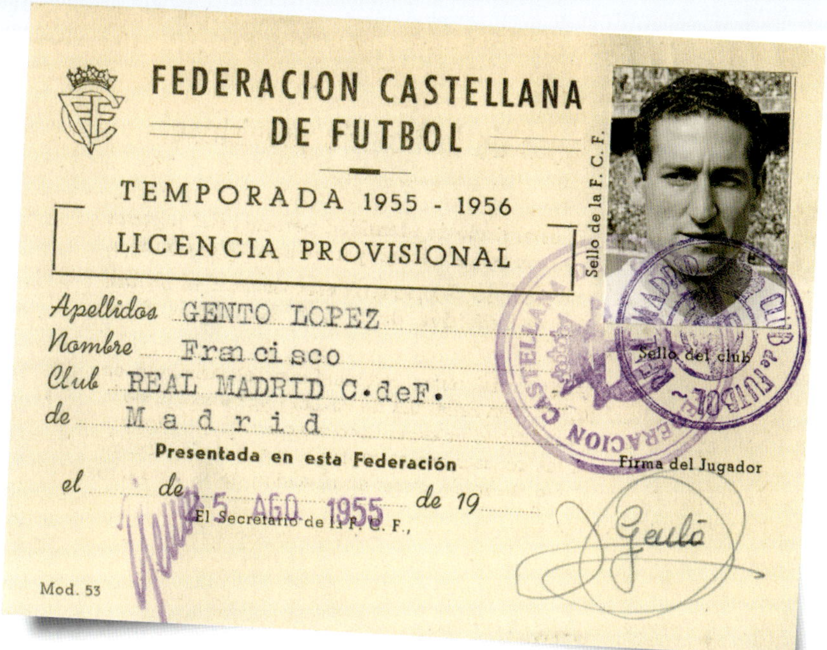
FEDERACION CASTELLANA
DE FUTBOL
TEMPORADA 1955 - 1956
LICENCIA PROVISIONAL
Sello de la F. C. F.
Apellidos GENTO LOPEZ
Nombre Francisco
Club REAL MADRID C.deF.
de Madrid
Sello del club
Presentada en esta Federación
el de 5 AGO 1955 de 19
El Secretario de la F. C. F.,
Firma del Jugador
Mod. 53

CON CINCO COPAS DE EUROPA, 18 jugadores (90 títulos)

- 1956-1960. Las cinco primeras consecutivas, diez: **Di Stéfano, Marquitos, Rafael Lesmes (Lesmes II), Zárraga, Héctor Rial, Juan Alonso, Mateos, Ángel Atienza (Atienza II), Ramón Marsal** y **Berasaluce.**
- 2014, 2016, 2017, 2018 y 2022. De La Décima a La Decimocuarta, ocho: **Carvajal, Nacho, Modric, Benzema, Bale, Marcelo, Isco** y **Casemiro.**

FEDERACION CASTELLANA
DE FUTBOL
TEMPORADA 1955 - 1956
LICENCIA PROVISIONAL
Sello de la F. C. F.
Sello del club
Apellidos ZARRAGA MARTIN
Nombre José María
Club REAL MADRID C.deF.
de Madrid
Presentada en esta Federación
el de 25 AGO 1955 de 19
El Secretario de la F. C. F.
Firma del Jugador
Mod. 53

FEDERACION CASTELLANA
DE FUTBOL
TEMPORADA 1955 - 1956
LICENCIA PROVISIONAL
Sello de la F. C. F.
Sello del club
Apellidos ALONSO IMAZ
Nombre Marcos
Club REAL MADRID C. de F.
de Madrid
Presentada en esta Federación
el de 25 AGO 1955 de 19
El Secretario de la F. C. F.
Firma del Jugador

FEDERACION CASTELLANA
DE FUTBOL
TEMPORADA 1955 - 1956
LICENCIA PROVISIONAL
Sello de la F. C. F.
Sello del club
Apellidos LESMES BOBED
Nombre Rafael
Club REAL MADRID C.deF.
de Madrid
Presentada en esta Federación
el de 25 AGO 1955 de 19
El Secretario de la F. C. F.
Firma del Jugador
Mod. 53

FEDERACION CASTELLANA
DE FUTBOL
TEMPORADA 1955 - 1956
LICENCIA PROVISIONAL
Sello de la F. C. F.
Sello del club
Apellidos RIAL LAGUIA
Nombre José Héctor
Club REAL MADRID C.deF.
de Madrid
Presentada en esta Federación
el de 25 AGO 1955 de 19
El Secretario de la F. C. F.
Firma del Jugador
Mod. 53

Emirates
FLY BETTER

CON CUATRO COPAS DE EUROPA, nueve jugadores (36 títulos)

- 1956-1959. Las cuatro primeras consecutivas, uno: **Joseíto.**
- 1957-1960. De La Segunda a La Quinta, dos: **Santisteban** y **Antonio Ruiz.**
- 1958-1960 y 1966. De La Tercera a La Sexta, uno: **Santamaría.**
- 2014, 2016, 2017 y 2018. De La Décima a La Decimotercera, tres: **Cristiano Ronaldo, Sergio Ramos** y **Varane.**
- 2016, 2017, 2018 y 2022. De La Undécima a La Decimocuarta, dos: **Kroos** y **Lucas Vázquez.**

Santamaría

Santisteban

Antonio Ruiz

FIFA
adidas
Fly
mirates
adidas
7

COUPE DES

FINAL
CARDIFF·2017

CON TRES COPAS DE EUROPA, 20 jugadores (60 títulos)

- 1956-1958. Las tres primeras consecutivas, cuatro: **Miguel Muñoz, Becerril, Castaño** y **Rubio.**
- 1957-1959. De La Segunda a La Cuarta, uno: **Kopa.**
- 1958-1960. De La Tercera a La Quinta, uno: **Rogelio Domínguez.**
- 1959, 1960 y 1966. De La Cuarta a La Sexta, uno: **Puskas.**
- 1998, 2000 y 2002. De La Séptima a La Novena, siete: **Guti, Hierro, Karanka, Morientes, Raúl, Roberto Carlos** y **Sávio.**
- 2000, 2002 y 2014. De La Octava a La Décima, uno: **Iker Casillas.**
- 2014, 2016 y 2017. De La Décima a La Duodécima, uno: **Pepe.**
- 2016, 2017 y 2018. De La Undécima a La Decimotercera consecutivas, tres: **Kovacic, Keylor Navas** y **Kiko Casilla.**
- 2017, 2018 y 2022. De La Duodécima a La Decimocuarta, uno: **Asensio.**

Puskas

Miguel Muñoz

Kopa

adidas

CON DOS COPAS DE EUROPA, 34 jugadores (68 títulos)

- 1956 y 1957. La Primera y La Segunda, seis: **Oliva, Joaquín Navarro, Roque Olsen, Pérez Payá, Molowny** y **Juanito (Juan González,** portero).
- 1956 y 1958. La Primera y La Tercera, uno: **Cela.**
- 1959 y 1960. La Cuarta y La Quinta, tres: **Miche, Chus Herrera** y **Falín.**
- 1960 y 1966. La Quinta y La Sexta, dos: **Pachín** y **Manolín Bueno.**
- 1998 y 2000. La Séptima y La Octava, cinco: **Illgner, Sanchís hijo, Seedorf, Redondo** y **Karembeu.**
- 2000 y 2002. La Octava y La Novena, siete: **Míchel Salgado, Helguera, McManaman, Geremi, Iván Campo, Baljic** y **Aranda.**
- 2014 y 2016. La Décima y La Undécima, dos: **Arbeloa** y **Jesé.**
- 2014 y 2017. La Décima y La Duodécima, dos: **Morata** y **Coentrão.**
- 2016 y 2017. La Undécima y La Duodécima, tres: **Danilo, James** y **Rubén Yáñez.**
- 2017 y 2022. La Duodécima y La Decimocuarta, uno: **Mariano.**
- 2018 y 2022. La Decimotercera y La Decimocuarta, dos: **Ceballos** y **Vallejo.**

Roque Olsen

Pachín

Molowny

CAMPEONES 1997-1998

CON UNA COPA DE EUROPA, 97 jugadores (97 títulos)

- 1956. La Primera, tres: **Wilson, Seoane** y **Manolín Martínez.**
- 1957. La Segunda, uno: **Torres.**
- 1958. La Tercera, dos: **Pereda** y **Brunet.**
- 1959. La Cuarta, dos: **Segurola** y **Héctor Ramos.**
- 1960. La Quinta, ocho: **Vidal, Pepillo, Canario, Pantaleón II, Didi, Del Sol, Felo** y **Bagur.**
- 1966. La Sexta, 21: **Betancort, De Felipe, Sanchís padre, Miera, Zoco, Pirri, Velázquez, Grosso, Amancio, Araquistaín, Félix Ruiz, Serena, Veloso, Calpe, Ramón Tejada, Agüero, Casado, Jaime Blanco, Goyvaerts, García Ramos** y **Mendieta.**
- 1998. La Séptima, 12: **Cañizares, Panucci, Jaime Sánchez, Mijatovic, Suker, Víctor Sánchez del Amo, Amavisca, Fernando Sanz, Zé Roberto, Dani García Lara, Chendo** y **Contreras.**

- 2000. La Octava, ocho: **Julio César, Bizarri, Anelka, Ognjenovic, Meca, Aganzo, Javier Dorado** y **Eto'o.**
- 2002. La Novena, 15: **Pavón, Makelele, Zidane, Figo, César Sánchez, Solari, Munitis, Celades, Flávio Conceição, Raúl Bravo, Miñambres, Rubén, Valdo, Portillo** y **Carlos Sánchez.**
- 2014. La Décima, seis: **Diego López, Di María, Xabi Alonso, Illarramendi, Khedira** y **Jesús Fernández.**
- 2016. La Undécima, uno: **Cheryshev.**
- 2018. La Decimotercera, cinco: **Theo Hernández, Marcos Llorente, Mayoral, Achraf Hakimi** y **Luca Zidane.**
- 2022. La Decimocuarta, 13: **Courtois, Mendy, Militão, Alaba, Vinícius, Valverde, Rodrygo, Camavinga, Hazard, Jovic, Lunin, Miguel Gutiérrez** (Castilla) y **Antonio Blanco** (Castilla).

PIRELLI
Emirates
FLY BETTER

Fly
Emirates

4

LOS 7 MAGNÍFICOS

1956 - NUM. 74 - 2 PTS.

DE LOS 61 TÉCNICOS QUE EL REAL MADRID HA TENIDO A LO LARGO DE SUS 121 AÑOS DE VIDA (ALGUNOS, INCLUSO, EN DIFERENTES ETAPAS) SOLO SIETE TIENEN EL ORGULLO DE FORMAR PARTE DEL RESTRINGIDO «CLUB DE LOS CAMPEONES DE LA COPA DE EUROPA», LA COMPETICIÓN CONTINENTAL POR EXCELENCIA.

Son los siete magníficos. De José Villalonga a Carlo Ancelotti, dos títulos cada uno, pasando por Luis Carniglia (dos), Miguel Muñoz (dos), Jupp Heynckes (uno), Del Bosque (dos) y Zinedine Zidane (tres). En total 14 trofeos.

Entre algunos de ellos hay ciertos puntos en común. Comparten situaciones extremas que supieron superar, a pesar de no tener demasiada experiencia en los banquillos. Miguel Muñoz, Vicente del Bosque y Zinedine Zidane, por ejemplo, llegaron empujados por las señales de emergencia. Fueron un plan B. Sin embargo, los tres salieron consagrados y con su prestigio nacional e internacional en alza.

Santiago Bernabéu recurrió, súbitamente, a Muñoz para sustituir a Fleitas Solich en vísperas de las semifinales de la Copa de Europa (1959/60). El presidente estaba convencido de que el técnico había perdido el control del equipo y que si no daba un golpe de timón en el banquillo no ganarían la eliminatoria contra el Barcelona. Muñoz no falló. Todo lo contrario: se convirtió en el técnico que durante más temporadas había dirigido al primer equipo: 14. Ganó esa Copa de Europa y, seis años después, La Sexta con los yeyés.

Vicente Del Bosque llegó al primer equipo en tercera instancia en noviembre del 99. Ya había estado una primera vez cuatro meses en el 94, sustituyendo a Benito Floro, y una segunda durante un partido en el 96, entre la destitución de Valdano y el nombramiento de Arsenio Iglesias. La tercera resultó ser la definitiva. Tomó tierra para apagar el incendio provocado por unas declaraciones de John Benjamin Toshack, que provocaron su inminente destitución. Vicente se

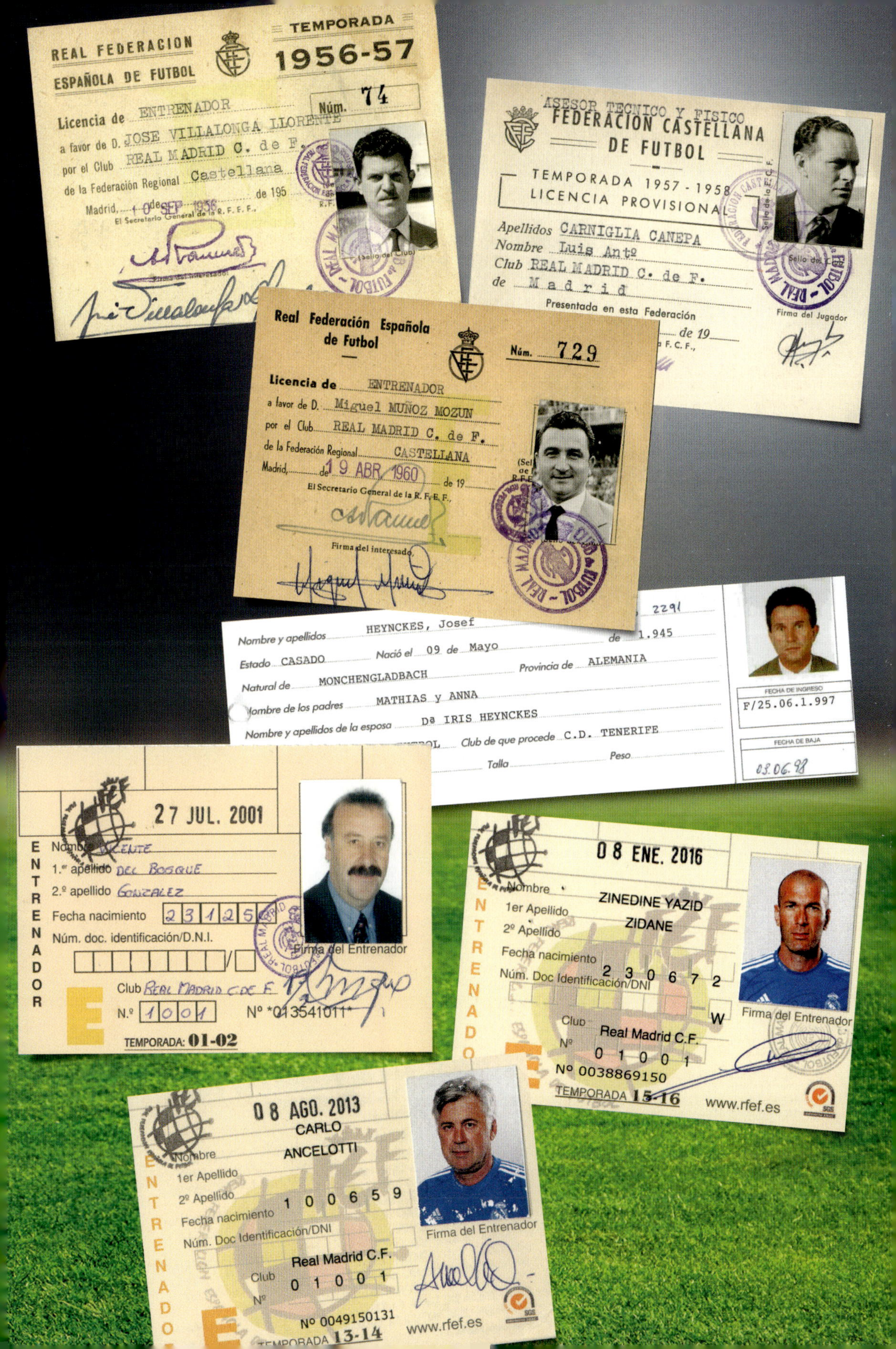

REAL FEDERACION ESPAÑOLA DE FUTBOL

TEMPORADA 1956-57

Núm. 74

Licencia de ENTRENADOR

a favor de D. JOSE VILLALONGA LLORENTE

por el Club REAL MADRID C. de F.

de la Federación Regional Castellana

Madrid, 10 de SEP 1956 de 195

El Secretario General de la R. F. E. F.

(Sello del Club)

Firma del interesado

REAL MADRID C. de F. FUTBOL

ASESOR TECNICO Y FISICO

FEDERACION CASTELLANA DE FUTBOL

TEMPORADA 1957 - 1958

LICENCIA PROVISIONAL

Apellidos CARNIGLIA CANEPA

Nombre Luis Antº

Club REAL MADRID C. de F.

de Madrid

Presentada en esta Federación

de 19

F. C. F.,

Sello del Club

Firma del Jugador

Real Federación Española de Futbol

Núm. 729

Licencia de ENTRENADOR

a favor de D. Miguel MUÑOZ MOZUN

por el Club REAL MADRID C. de F.

de la Federación Regional CASTELLANA

Madrid, 19 ABR 1960 de 19

El Secretario General de la R. F. E. F.

Firma del interesado

REAL MADRID FUTBOL

2291

Nombre y apellidos HEYNCKES, Josef

Estado CASADO Nació el 09 de Mayo de 1.945

Natural de MONCHENGLADBACH Provincia de ALEMANIA

Nombre de los padres MATHIAS y ANNA

Nombre y apellidos de la esposa Dª IRIS HEYNCKES

Club de que procede C.D. TENERIFE

Talla Peso

FECHA DE INGRESO F/25.06.1.997

FECHA DE BAJA 03.06.98

ENTRENADOR

27 JUL. 2001

Nombre VICENTE

1.er apellido DEL BOSQUE

2.º apellido GONZALEZ

Fecha nacimiento 23 12 5

Núm. doc. identificación/D.N.I.

Firma del Entrenador

Club REAL MADRID C. DE F.

N.º 1001

Nº *013541011*

E

TEMPORADA: 01-02

ENTRENADOR

08 ENE. 2016

Nombre ZINEDINE YAZID

1er Apellido ZIDANE

2º Apellido

Fecha nacimiento 2 3 0 6 7 2

Núm. Doc Identificación/DNI

W

Club Real Madrid C.F.

Nº 0 1 0 0 1

Nº 0038869150

Firma del Entrenador

E

TEMPORADA 15-16

www.rfef.es

ENTRENADOR

08 AGO. 2013

Nombre CARLO

1er Apellido ANCELOTTI

2º Apellido

Fecha nacimiento 1 0 0 6 5 9

Núm. Doc Identificación/DNI

Club Real Madrid C.F.

Nº 0 1 0 0 1

Nº 0049150131

Firma del Entrenador

E

TEMPORADA 13-14

www.rfef.es

quedó como técnico definitivo para ganar dos Champions (2000 y 2002) y dos Ligas (2001 y 2003), entre otro buen puñado de títulos.

Por último, Zinedine Zidane aterrizó en el Bernabéu para sustituir a Rafa Benítez en enero de 2016. Su experiencia como entrenador pasaba por haber sido segundo de Carlo Ancelotti en la temporada 2013/14 y, ya como máximo responsable, entrenador del Castilla las temporadas 2014/15 y 2015/16 hasta que fue requerida su presencia en el primer equipo. Además de otras competiciones, ganó tres Champions consecutivas: 2016, 2017 y 2018.

Estas tres soluciones de urgencia acabaron transformadas en siete títulos. Los otros siete cayeron por cauces menos precipitados. Con entrenadores que se hicieron cargo de sus respectivas plantillas desde principio de temporada.

Luis Carniglia, campeón en 1958 y 1959, llegó al club al comienzo del curso 1957/58, recomendado por Alfredo Di Stéfano. Jupp Heynckes, campeón de La Séptima (1997), se aposentó en el vestuario del Bernabéu para sustituir a Fabio Capello, avalado por una década en los banquillos alemanes y españoles. Y Carlo Ancelotti, en sus dos etapas, llegó cuando se tiene que llegar para realizar una pretemporada con tiempo. En la primera oportunidad (2013/15) sustituyó a José Mourinho y ganó La Décima (2014), y en la segunda, a Zinedine Zidane y se apuntó La Decimocuarta (2022). Otros siete títulos.

No está de más hacer hincapié en que Miguel Muñoz, en la temporada 1958/59, siendo entrenador del filial y ante la enfermedad de Luis Carniglia, asumió como interino la dirección de la primera plantilla y se sentó en el banquillo en la eliminatoria de cuartos de final contra el campeón austriaco, el Wiener SC. Empate en el Happel Stadion (0-0) y goleada en el Bernabéu (7-1), por lo que un pedazo de La Cuarta también podía imputársele.

Igual reconocimiento debería hacerse con Rafa Benítez, que dirigió al equipo durante la fase de grupos de la temporada 2015/16, antes de dar paso a Zinedine Zidane. Casi consigue el pleno de victorias. Se quedó en cinco y un empate.

JOSÉ VILLALONGA, LAS DOS PRIMERAS

A José Villalonga correspondió el honor de ganar las dos primeras Copas de Europa: 1956 y 1957. Él abrió el camino. En el Real Madrid —acuciado por su propia historia y por 20 años sin ganar la Liga, la gran competición hasta la llegada de la continental— la paciencia no era la mejor compañera de viaje de un Santiago Bernabéu empecinado en convertir el club en un modelo deportivo y de gestión. Y no necesariamente por ese orden. Antes de hacerse cargo del banquillo del Real Madrid, José Villalonga compaginaba su carrera militar con la preparación física, su verdadera vocación, y en la que demostraba unos conocimientos muy avanzados, no propios de la época en España.

También destaca por su enorme capacidad para acoplarse a los escenarios que se le presentaban por delante. Tan pronto ejercía, con reconocido éxito, como profesor de Educación Física en la Escuela Central de Gimnasia de la Academia de Infantería de Toledo, donde se había licenciado como teniente,

como se acoplaba a la perfección a la disciplina de un club de fútbol, el Real Madrid, al que llegó, en un principio, para hacerse cargo de la preparación física de los juveniles, pero rápidamente amplió su radio de trabajo a todos los equipos inferiores.

Siempre ansioso por ampliar sus conocimientos, se sacó el título nacional de entrenador en 1949. Al club blanco llegó, en 1951, recomendado ante el mismísimo Santiago Bernabéu por José Ipiña, un exjugador del club y que en esos momentos era entrenador del Valladolid. A la temporada siguiente, Ipiña pasaría a ocupar el banquillo del Real Madrid y, por supuesto, ascendería a José Villalonga a preparador físico del primer equipo.

Ya estaba bien colocado. A Ipiña, que pasó a ser secretario técnico, le sustituyó Enrique Fernández. Villalonga se convirtió en su mano derecha y comenzó a desarrollar sus conocimientos de preparación física para adaptarlos a un equipo de fútbol. El Real Madrid ganó esa Liga (1953/54) después de 21 años de sequía. Nada hacía presagiar, por lo tanto, que al curso siguiente la relación entre Bernabéu y Fernández, presidente y entrenador, se pudiera deteriorar de

tal manera como para que la aventura del técnico uruguayo finalizara en la 13.ª jornada, con el equipo líder de la clasificación con un punto de ventaja sobre el Athletic.

Juan Ipiña, desde su privilegiado cargo y con la amistad y confianza que le unía al presidente, no tuvo dudas. «Don Santiago, demos una oportunidad a Villalonga». Y se la dieron. El Real Madrid revalidó el título de Liga (1954/55) y ganó la Copa Latina al Stade de Reims, su primer título europeo.

A la campaña siguiente fue cuando se puso en marcha la Copa de Europa. Un año complicado. El club tenía que afrontar una profunda reestructuración en la plantilla con tres frentes competitivos abiertos. Villalonga se asentó en el cargo. Destacaba por sus dotes de gestión, aunque no fuera un enamorado de la táctica. Sus nuevos métodos de entrenamiento fueron tomando cuerpo. Priorizó la preparación física. «El talento en el jugador es innato. Hay que mejorar los otros conceptos que le puedan hacer mejor». El equipo fue ganando y ganando hasta plantarse en la primera final de la competición recién nacida.

En su tercera temporada, segunda desde el principio, Villalonga terminó de cerrar su círculo. Repitió el éxito en la Copa de Europa y además ganó la Liga y su segunda Copa Latina al Benfica (1-0). De la final contra la Fiorentina, jugada en el Bernabéu, uno de sus jugadores, Juan Santisteban, contó una anécdota curiosa. El técnico cambió de planes en el autocar que llevaba al equipo al estadio. «En el hotel de El Escorial me dijo que me preparase, que iba a jugar, que cuidase las botas. Cuando llegamos al vestuario comencé a sospechar que no iba a ser así. No me decía nada. Intenté cruzarme con él y me rehuía. Entonces me di cuenta de que se había arrepentido. Debió de pensar que con diecinueve años y viniendo de la cantera era muy joven para jugar una final de la Copa de Europa en el Santiago Bernabéu. Jugaron en el centro del campo Muñoz, Zárraga y Mateos».

Después de la gran temporada con tres títulos sorprendió que Villalonga no siguiera al frente del equipo. Los periódicos especularon sobre si no había llegado a un acuerdo económico con el club y que la exigencia del día a día le había superado. También se comentó que quería dar un salto en su carrera militar para llegar a ser comandante. Fuera lo que fuese, la realidad es que se marchó. En sus dos temporadas y media como entrenador blanco acumuló 106 partidos oficiales: 77 de Liga (49 victorias, 10 empates y 18 derrotas); 15 de Copa de Europa (11/1/3); 14 de Copa (7/3/4). A los que hay que añadir los cuatro de la Copa Latina, ganados todos. Un total de seis títulos, lo que significa un trofeo cada 17,5 partidos. El éxito de ganar dos Copas de Europa en sus dos primeros años de entrenador no fue igualado por nadie hasta que Zidane repitió la jugada e hizo lo propio en 2017.

Al poco tiempo de despedirse del Real Madrid, Villalonga se incorporó al cuadro técnico de la Federación. En julio de 1959 saltó al Atlético. Primero como secretario técnico y después también como entrenador. Ganó tres títulos (dos Copas y una Recopa) en tres años. En septiembre de 1962 regresó a la Federación y fue nombrado seleccionador nacional. De su mano la Selección conquistó su primer gran éxito internacional: la Eurocopa-64. La final se disputó en su antigua casa, el Santiago Bernabéu, ante la URSS de Yashin. España se impuso (2-1) con el legendario gol de cabeza de Marcelino —antes había marcado Pereda—. En ese momento, don José conseguía con la Selección lo mismo que había logrado antes en el Real Madrid y en el Atlético: ganar el primer título europeo de sus respectivas existencias. Se mantuvo en el puesto hasta después del Mundial-66, donde el equipo no pasó de la primera fase. Decidió entonces dar un paso al lado y dejó los banquillos. En 1967 fue nombrado director de la Escuela Nacional de Entrenadores, cargo que ocupó hasta su fallecimiento en 1973, con cincuenta y tres años.

LUIS CARNIGLIA,
CON FAMA DE HOMBRE DURO E IDEAS CLARAS

No tardó mucho Santiago Bernabéu en decidir el sustituto de Villalonga. Con Ipiña siempre como consejero de cabecera, contó para la ocasión con la colaboración de uno de sus jugadores fetiches, Alfredo Di Stéfano, que conocía bien al candidato mejor colocado: el argentino Luis Carniglia. La temporada anterior el Real Madrid había eliminado al Niza y el entrenador de ese equipo era precisamente él. Di Stéfano, en su biografía *Gracias, vieja* cuenta cómo fue su llegada. «Me preguntó don Santiago si, como era argentino, yo le conocía. Sabía de él perfectamente. Allá había sido presidente de la Asociación de Entrenadores y un gran jugador en Boca Juniors, pero tuvo la mala suerte de romperse una pierna. De Buenos Aires se fue a jugar al Niza. Después se hizo entrenador e hizo al Niza campeón de Francia».

Solucionado. Luis Carniglia era el hombre. Como no tenía la documentación de la Federación Española para ejercer como entrenador, Ipiña aportaba el título y él aparecía en las actas como delegado y preparador físico. «Soy el asesor técnico y físico y el máximo responsable», solía decir él cuando le preguntaban al respecto. Formado como entrenador en Francia, en la Escuela Gimnástica de Aix-en-Provence en 1953, mientras aún jugaba en el Niza, alardeaba de sus conocimientos tácticos-técnicos y, sobre todo, de dominar el aspecto físico.

Desde que llegó dejó muy claro que quería que el equipo jugara más a la europea que a la sudamericana. Pronto se dio cuenta de que el motor del equipo, Alfredo, ya jugaba como un europeo más y se desplazaba por todo el campo con una gran presencia física.

Carniglia realizaba todos los entrenamientos con los jugadores. Se ponía al frente en la carrera continua y tiraba del grupo. Con fama de duro, intentaba demostrar a sus futbolistas que si él con cuarenta años era capaz de soportar la carga física, ellos, con menos de treinta la mayoría, no podían quejarse de ninguna forma.

Su primera temporada se quedó a un paso de ser perfecta. Ganó la Liga, la Copa de Europa y disputó la final de la Copa ante el Athletic, en la que cayó derrotado (2-0). Con decisiones firmes consiguió realizar los cambios tácticos que consideraba imprescindibles. Un día se presentó en el despacho del presidente y le señaló que notaba al equipo falto de fuerza de conjunto, que le faltaba intensidad y que quería retocar varias posiciones. Sin prisa, pero sin pausa, comenzó a pulir el once titular a su manera.

Uno de sus grandes desafíos fue convencer a Kopa de que jugara más abierto, de extremo derecho, y que se metiera lo menos posible en las posiciones centrales, territorio Di Stéfano. Miguel Muñoz, capitán y una institución en la plantilla, tampoco era de su gusto. Ya con treinta y cinco años, le parecía de-

masiado lento para jugar en el mediocampo. Intentó fichar a Nestor Rossi, pero como River no se lo vendió, comenzó a dar oportunidades a Juan Santisteban, que con veintiún años destacaba en la cantera.

En su segunda temporada se comenzó a cuestionar su fuerte carácter. Había jugadores a los que les molestaba que les diera cuatro gritos. Él se defendía: «Me acusan de tener mal carácter. Y no es cierto. Lo que tengo es carácter. Ni malo ni bueno. Digo lo que siento, lo que pienso, y entonces lo digo. Son verdades. Si veo algo que no funciona, lo digo. Exijo trabajo y disciplina. Si me callara la boca y mirara para otro lado para evitar choques cuando algo va mal, entonces no tendría carácter, ni bueno ni malo».

Y precisamente ese recto comportamiento, sin dobleces, fue el que a la larga le costó el puesto. El detonante fue el fichaje de Ferenc Puskas, una gestión personal de Santiago Bernabéu. Nada más llegar el húngaro, Carniglia se fue a ver al presidente y le dijo que el jugador estaba «gordo», pasado de kilos, hasta 11. La respuesta fue tajante. «Póngalo en forma, esa es su obligación».

Con su pelo peinado hacia atrás con gomina y sus corbatas atractivas, el argentino se había convertido en todo un personaje al que avalaban los resultados, pero a quien se le discutían ciertos comportamientos. En febrero de 1959, en la jornada 22 de la Liga, después de ganar al Barcelona en el Bernabéu, Carniglia tuvo que ser intervenido de un cálculo renal. Bernabéu decidió que la mejor opción para sustituirle mientras estuviera fuera del banquillo era Miguel Muñoz, que esa temporada había causado baja en el primer equipo pero conocía perfectamente la plantilla.

Carniglia estuvo fuera de la circulación nueve partidos, siete de Liga y la eliminatoria de cuartos de la Copa de Europa contra el Wiener. Volvió inmediatamente antes de las semifinales contra el Atlético, que se fueron a un tercer partido de desempate. El Real Madrid se clasificó para la final de Stuttgart y entonces se produjo el desencuentro definitivo con Puskas, que le costó el puesto al técnico.

Por las razones que solo él conocía, el argentino tenía muy claro que Ferenc, a pesar de que ya había rebajado los kilos que le sobraban y venía siendo titular (33 partidos, 24 goles) hasta ese momento, no iba a jugar la final. Primero intentó que no viajara a la ciudad alemana, alegando que a lo peor tenía problemas de visado con el pasaporte y no le dejaban entrar por razones políticas. Puskas contó en una de sus biografías que, poco antes de comenzar la final contra el Stade de Reims, el entrenador se le acercó en los vestuarios y le dijo textualmente: «No te veo en forma. Hoy no juegas». Lo hizo Mateos en su lugar.

Terminada la final, el presidente preguntó a Puskas que por qué no había jugado y la respuesta de este fue cortita y al pie: «El entrenador me dijo que estaba lesionado». Pocos días después, con la cuarta Copa de Europa en las vitrinas del estadio y después de perder las semifinales de Copa ante el Barcelona, con derrota en los dos partidos, Santiago Bernabéu despedía por carta a Luis Carniglia. Se fue a la Fiorentina.

MIGUEL MUÑOZ,
DE APAGAFUEGOS A PERENNE

Santiago Bernabéu continuó explotando la vía sudamericana para su banquillo. A un argentino le sustituyó un paraguayo de gran prestigio internacional, sobre todo al otro lado del Atlántico por su paso por el Flamengo: Manuel Fleitas Solich. En el Real Madrid duró 33 partidos. Perdida la Liga virtualmente en favor del Barcelona en la penúltima jornada, el presidente le despidió de manera fulminante. Por delante estaban las semifinales de la Copa de Europa contra el Barcelona y la Copa de España. Consideraba que el equipo, además de alguna «santiaguina» suya, necesitaba un profundo cambio de timón.

El elegido fue, otra vez, Miguel Muñoz, treinta y ocho años, que tenía en cuarta posición al filial blanco, el Plus Ultra, en Segunda, y que ya le había pegado un

mordisco a La Cuarta cuando sustituyó temporalmente a Luis Carniglia. Aquellos nueve partidos como interino fueron su verdadera catapulta para esta segunda oportunidad. El equipo había jugado bien y, sobre todo, había marcado muchos goles. En esta ocasión, se estrenó en el último partido de Liga con una victoria en Las Palmas con los suplentes (0-1). Pero de poco le sirvió. El Barcelona goleó en casa y se proclamó campeón de Liga por el *goal average* general.

Las seminales eran el gran objetivo. Desde el principio, Muñoz quiso dejar su firma y en la ida, en el Bernabéu, puso de titular a Luis del Sol, a quien el club acababa de fichar del Betis, e hizo debutar con la camiseta blanca en partido oficial al defensa Pachín, que, aunque estaba en la plantilla desde el verano, solo podía jugar amistosos por estar sancionado por la Federación por haber tenido doble ficha con el Celta y Osasuna.

El Real Madrid saldó las semifinales contra los azulgranas a lo grande. Con sendos 3-1 en cada campo. La superioridad quedaba patente. La guinda fue el triunfo en la finalísima de Glasgow ante el Eintracht de Frankfurt (7-3) en un partido memorable que tantas décadas después continúa siendo considerado como la mejor final de la Copa de Europa, además de ser la que más goles registró.

Con La Quinta en su palmarés, Muñoz se convertía en el primer ser humano en conquistar la Copa de Europa como jugador —ganó las tres primeras— y como entrenador. Antes de finalizar la temporada, jugó el partido de ida de la Copa Intercontinental contra el Peñarol en Montevideo (0-0). La vuelta se jugó en septiembre en el Bernabéu (5-1) y el técnico sumaba un segundo título en su bolsillo.

Totalmente ratificado en el puesto, ni él mismo podía imaginar que su trayectoria en el banquillo iba a ser tan duradera. Se trataba del Real Madrid y las exigencias siempre eran máximas, sobre todo teniendo en cuenta que el club venía de ganar cinco Copas de Europa consecutivas. La total confianza del presidente en su técnico fue clave para su larga andadura, y los resultados, evidentemente, también tuvieron su punto de influencia.

Cinco Ligas consecutivas (1961-1965) hicieron más llevadera la no tan brillante singladura europea en la que se sucedieron dos reveses casi consecutivos a los que el club no estaba acostumbrado. Perdió, por primera vez, las dos

siguientes finales. La de 1962 contra el Benfica en Ámsterdam y la de 1964 ante el Inter en Viena. Esta última provocó una catarsis y se convirtió en el punto de inflexión para la renovación de una plantilla que, irremediablemente, aunque fuera a golpe de títulos, había ido cumpliendo años: Vicente (32), Santamaría (34), Puskas (36), Gento (30)... La más sonada fue la salida de Alfredo Di Stéfano (37), en la que bastante tuvo que ver Miguel Muñoz. Hacía tiempo que entrenador y «estrella» no compartían pareceres, y a Santiago Bernabéu no le tembló el pulso a la hora de no renovar el contrato de su futbolista franquicia de los últimos 11 años.

Muñoz no escurrió el bulto y se metió en la faena de rejuvenecer la plantilla. Fueron entrando De Felipe, Grosso, Velázquez, Pirri, Serena..., y dos años después, contra todo pronóstico, el equipo volvió a meterse en otra final de la Copa de Europa: la octava en diez años. Un hecho sin precedentes en la historia de la competición. Los yeyés, como se denominó a aquel grupo de jóvenes jugadores, bastantes formados en la entidad, se impusieron al Partizán con tantos de Amancio y Serena. Gento era el único superviviente de las cinco primeras y la extensión del entrenador sobre el césped. La Sexta llegó en el 66, el único año en el que Muñoz y sus hombres no ganaron la Liga en los 60.

Su continuidad en el cargo se trataba como un fenómeno deportivo, como un caso insólito en el fútbol de los 70, no solo a nivel nacional, sino también internacional. El profesionalismo ya no parecía permitir este tipo de situaciones con un toque romántico, pero la realidad fue que Muñoz alargó su maravillosa aventura hasta enero de 1974, cuando su situación comenzó a ser insostenible. El Bernabéu comenzó a cansarse de ver siempre la misma cara en el banquillo y después de quedarse en blanco en las temporadas 1970/71 y 1972/73 —entre ellas ganó la Liga— comenzaron a mostrar su desaprobación con cánticos contra el entrenador.

Fue el propio entrenador quien se fue a hablar con don Santiago, como él le llamaba, para decirle que lo dejaba. Las palabras de Bernabéu no pudieron ser más sinceras: «A mí no me gusta ver sufrir a la gente y Miguel Muñoz lleva sufriendo mucho tiempo. No he tenido más remedio que aceptar su dimisión».

Su tarjeta de visita quedaba marcada en oro para la historia del club. Primero como jugador: tres Copas de Europa, dos Copas Latinas y cuatro Ligas en 275 partidos oficiales, con 24 goles; y después como entrenador: dos Copas de Europa, una Copa Intercontinental, nueve Ligas y dos Copas en 605 encuentros en el banquillo.

HEYNCKES, LA SÉPTIMA, LA CHAMPIONS MÁS DESEADA

Las semanas, los meses, los años, los trienios, los lustros, las décadas... pasaban y la Copa de Europa, su competición, se le continuaba resistiendo al Real Madrid. Habían pasado ya 31 años desde el triunfo de Bruselas contra el Partizán. La Sexta. La de «los yeyés». Por el camino, incluso, se vivió la final perdida del Parque de los Príncipes de París (1980/81) ante el Liverpool.

El club había tenido entrenadores de muchas nacionalidades. Ingleses: Firth, Keeping; uruguayos: Scarone y Enrique Fernández; argentinos: Luis Carniglia, Di Stéfano y Valdano; paraguayos: Fleitas Solich; yugoslavos: Miljanic, Boskov y Antic; neerlandeses: Beenhakker; galeses: John Benjamin Toshack; italianos: Fabio Capello; y, por supuesto, una amplia nómina de españoles. Nunca, sin embargo, había tenido un técnico alemán, y esa temporada, 1997/98, se decantó por uno, Jupp Heynckes. Un entrenador con caché, fama de duro —más de lo que resultó— y con experiencia acumulada en el fútbol germano, pero también en la Liga, en la que había dirigido al Athletic dos temporadas (1992-1994) y otras tantas al Tenerife (1995-1997).

Llegaba con cincuenta y dos años. Acumulaba 18 cursos en los banquillos y nada hacía presagiar que el Real Madrid le pudiera venir grande. En sus pasos por el Athletic y el Tenerife había dejado una magnífica impresión. El club blanco pidió informes. «En su paso por Lezama y San Mamés modernizó la metodología de los entrenamientos e inculcó una mentalidad ganadora. Su sistema preferido era sencillo, 1-4-4-2, sin arabescos». Esta fue la respuesta. Fue su paso por el Tenerife el que empujó a la directiva blanca a apostar por su figura. En la primera

temporada, 1995/96, lo clasificó quinto y lo lanzó a su segunda participación en la Copa de la UEFA. Lo mejor estaba por venir: en dicha competición , Heynckes llevó a sus hombres hasta las semifinales, donde cayó ante el Schalke 04.

El Real Madrid llamó a su puerta y Jupp no pudo decir que no. El día de su presentación oficial, 25 de junio de 1997, pidió abiertamente «dos o tres fichajes para afrontar con garantía todas las competiciones, como es el deber del Real Madrid». Además avisó de que «lo primero es el resultado y luego, el espectáculo y todo lo demás».

Lorenzo Sanz matizó en su presencia el asunto de los fichajes y quiso dejar claro que su fichaje no había sido algo improvisado. «Ya le quisimos fichar cuando dejó el Athletic hace tres años y desde febrero, cuando sabíamos que Capello se iba a ir, fue nuestro primer candidato». Heynckes pareció en esa primera comparecencia pública saber bien el club al que había llegado y la presión que iba a tener que soportar con la Copa de Europa. Cuando se le preguntó si no ganarla sería un fracaso, su presidente tuvo que echarle una mano. «Entonces

llevaríamos 31 años fracasando». A lo que Heynckes añadió: «Me preguntan si estoy preparado para la presión que voy a sufrir. En Alemania se dice que si alguien ha sobrevivido al Bayern Múnich, está preparado para cualquier cosa. Yo he entrenado al Bayern cuatro años».

El estreno del nuevo técnico en el banquillo no pudo ser mejor. En la Supercopa, ganó al Barça de Van Gaal con goleada (4-1 en el partido de vuelta en el Bernabéu). Tampoco fue malo el comienzo en las otras dos competiciones. Lo peor era la rumorología que salía del vestuario. Los medios de comunicación comenzaron a publicar que la relación entre el técnico y los jugadores no era idílica. Que no había *feeling*. Que Heynckes se había metido en su caparazón y solo hablaba con sus ayudantes, Toni Grande y Ángel Vilda. Los resultados, como siempre, terminaron por complicar la situación. La eliminación de la Copa del Rey ante el Alavés resultó ser el punto de inflexión. En la Liga, en la segunda vuelta, el equipo, derrota tras derrota, se desplomó. La sentencia fue un 3-0 en el Camp Nou.

Se escucharon, incluso, rumores sobre cambio de entrenador. Heynckes y la plantilla se aferraron a la Champions como tabla de salvación. Eliminaron sucesivamente al Bayer Leverkusen y al Borussia Dortmund, para plantarse en la final, donde esperaba la Juventus. Los días previos a la gran cita de Ámsterdam, como más tarde reconocieron el presidente y los propios jugadores, fueron muy delicados. En la Liga habían quedado cuartos, por lo que se quedarían fuera de la siguiente Champions, pero, afortunadamente para él y para el Real Madrid, la ganó. Ahí concluyó su aventura en el club blanco: 53 partidos, 26 ganados, 15 empatados y 12 perdidos. Su gran legado fue haber ayudado a poner punto y final a una agonía que duraba 32 años. A pesar de que le quedaba un año de contrato, se marchó sin hacer ruido. Él también sabía que, por mucho que hubiera ganado La Séptima, no podía continuar.

Por delante le quedaba una inesperada e intensa vida deportiva. Tras un año de descanso, reanudó su carrera. Una tercera juventud. Un curso en el Benfica, para salir en septiembre del siguiente. En el Athletic sí cumplió los dos años de contrato. Firmó por el Schalke 04 y, después de ganar la Intertoto en el primer año, también salió a comienzos del segundo. Su regreso a su primera casa, al Borussia Mönchengladbach, fue sonado y celebrado, pero los resultados no le acompañaron. Destituido a finales de enero en el puesto 17 de la Bundesliga, el equipo terminó descendiendo como colista.

No se entendió bien su regreso al Bayern para sustituir a Klinsmann en los dos últimos meses de la temporada 2008/09, pero consiguió, al menos, el objetivo de clasificarlo para la Champions. Se reivindicó con dos grandes campañas en el Bayer Leverkusen, hasta el punto de que en marzo de 2011 se anunció ya su tercera etapa en el club bávaro. Un año en blanco, para en la temporada 2012/13 ganar el triplete: Copa de Europa, Bundesliga y Copa. Fue elegido entrenador del año y se convirtió en el tercer técnico en ganar la Copa de Europa con dos clubes diferentes, Real Madrid y Bayern. Antes lo habían conseguido Happel (Feyenoord y Hamburgo) y Hitzfeld (Borussia Dortmund y Bayern). Ancelotti (Milan y Real Madrid), Mourinho (Oporto e Inter) y Guardiola (Barcelona y Manchester City) también lo consiguieron después.

DEL BOSQUE
MANTIENE VIVA LA LLAMA DE LA CHAMPIONS

Cada vez que Vicente del Bosque era requerido para hacerse cargo del primer equipo del Real Madrid un cosquilleo recorría su cuerpo. «Lo mío siempre ha sido la Ciudad Deportiva. Ni siquiera entrenar al Castilla. Siempre he preferido la labor de formación, estar cerca de los chavales, que sentarme en ese banquillo que arde que arde».

El Del Bosque entrenador tenía ciertas ventajas. Por sus venas corrían todos los consejos que le habían dado sus «maestros» Luis Molowny y Miguel Malbo y dos de sus entrenadores: Miljanic y Boskov. El Vicente futbolista tenía un mal recuerdo de la Copa de Europa. Había jugado una final contra el Liverpool en 1981, sí, pero la había perdido. Dos experiencias como técnico de emergencia antes de la definitiva. La primera, Mendoza despidió a Benito Floro, y a Del Bosque le pusieron el banquillo por delante: 12 de marzo de 1994. Real Madrid-Rayo Vallecano (5-2). La originalidad de ese partido era que su equipo tenía que jugar como local en el Vicente Calderón, por estar clausurado el Santiago Bernabéu. Tres días después, la Recopa. La eliminatoria venía empinada de la ida (0-1), pero, a pesar del gol de Butragueño, al final no se pasó del empate. Fue ratificado en el cargo hasta final de temporada.

No tuvo que esperar mucho para la segunda emergencia. Valdano ganó la Liga 1994/95, pero abandonó el club mediada la siguiente temporada. Vicente volvió a sacar la maleta del armario. Destino Bilbao. La reacción del equipo fue tan fulminante como extraña: 0-5. Lorenzo Sanz quiso dar un golpe de efecto

y, deprisa y corriendo, fichó a Arsenio Iglesias, que estaba medio jubilado. Del Bosque regresó a sus quehaceres en «la fábrica». Lo agradeció. Quedaba mucha temporada por delante.

No hay dos sin tres, y a la tercera fue la vencida. Todo mezclado. Unas declaraciones de John Benjamín Toshack, no las primeras, fueron la coartada perfecta para destituirle de su cargo. Sanz, aconsejado por su director deportivo, Pirri, concretó que Del Bosque se hiciera cargo del equipo hasta final de temporada. La segunda liguilla de la Champions comenzaba a la semana siguiente. Vicente formó rápido su equipo de trabajo: Toni Grande, como segundo entrenador; Paco Jiménez, ayudante de campo y responsable de los informes de los rivales; Javier Miñano, preparador físico; y Manuel Amieiro, entrenador de porteros.

Estreno contra la Real Sociedad en el Bernabéu (1-1) en vísperas de viajar a Kiev. La Champions ya era el gran desafío. El Mundial de clubes se cruzó por el camino. Viaje a Brasil en enero. El Real Madrid perdió en los penaltis el tercer y cuarto puesto. De vuelta, la Champions se complicó. Las dos derrotas ante el Bayern en la fase de grupos obligaban a ganar el último partido en Trondheim, contra el Rosenborg, en medio de un panorama desolador. Morientes se lesionó en la víspera; Hierro, durante el partido, y, además, Guti fue expulsado en el 52. La defensa del gol tempranero de Raúl fue agónica, pero el equipo se clasificó para cuartos.

El Manchester United se presentó como rival. Pesimismo generalizado, que se acrecentó después del 0-0 en la ida. La metamorfosis comenzó en Old Trafford. Fulgurante arranque (0-3). Keane en propia puerta y dos de Raúl. El primero nació de una extraordinaria jugada de Redondo con aquel taconazo inolvidable. Las paradas de Casillas hicieron el resto (2-3). Pase a las semifinales.

Tocaba el Bayern. El mismo que le había ganado los dos partidos de la segunda liguilla con autoridad. La ida en el Bernabéu. Del Bosque llevaba unas semanas tratando de recuperar para la causa a Nicolas Anelka, el fichaje más caro de la historia del club, 5.600 millones de pesetas. Sus comienzos no fueron alentadores. A la vuelta del Mundial de Brasil se presentó en su despacho con una cinta de vídeo con la que quería demostrar que el técnico y su equipo de trabajo no celebraban sus goles, más bien pocos, como los de los demás compañeros. Además, se negó a entrenarse. El jugador fue sancionado y a mediados de marzo pidió perdón públicamente.

Regresó a la dinámica del equipo y comenzó a contar con él. Su gran día estaba por llegar. Y no fue uno, fueron dos. La ida y la vuelta de esas semifinales contra el Bayern. Marcó el primer tanto en el Bernabéu y marcó en el Olímpico, cuando su equipo perdía 1-0. El partido acabó 2-1 y el Real Madrid se clasificó para la final de París contra el Valencia.

Dos días antes, el presidente Lorenzo Sanz convocó a los medios de comunicación para anunciar la renovación del técnico por un año más. En la faceta puramente futbolística, Del Bosque ya había moldeado al equipo a su estilo. Sin estridencias. Su apuesta por los tres centrales (Iván Campo-Helguera-Karanka) y los dos laterales de largo recorrido (Salgado y Roberto Carlos) funcionaba. Para la final le faltaba Hierro, que salía de una lesión. Llamó la atención que McManaman jugara como segundo mediocentro al lado de Redondo. Arriba, tres delanteros: Anelka, Morientes y Raúl. En los últimos minutos del partido, ya con el 3-0 en el marcador, tuvo el detalle de sacar a Hierro y Sanchís, los capitanes, para que sintieran La Octava como propia en el mismo césped.

Renovado y ya sin la amenaza de la interinidad, a la temporada siguiente, el técnico intentó implantar una línea de continuidad que encontró el respaldo de la entidad. En las elecciones celebradas en el mes de julio, Florentino Pérez se había convertido en presidente y en marzo (2001) le ofreció la renovación por dos años. Del Bosque aceptó. Al final de curso ganó la Liga. En la Champions llegó hasta las semifinales. Esta vez el duelo contra el Bayern salió cruz.

La nueva campaña (2001/02) comenzó con la Supercopa ante el Zaragoza (1-1 y 3-0). La Champions volvía a ser el gran objetivo. Él lo sabía mejor que nadie después de 31 años en el club. El equipo superó las dos liguillas con holgura y en el cruce de cuartos le volvió a traer a escena al Bayern Múnich. El técnico se lo tomó a broma: «Un día vamos a entrar en casa y nos vamos a encontrar a Kahn». Geremi, con un gol en el Olímpico, se convirtió en el protagonista de la eliminatoria. El 2-1 de la ida fue remontado en el Bernabéu (2-0).

Terceras semifinales consecutivas. El rival, el Barcelona. Tremendo golpe de mano en el Camp Nou con tantos de Zidane y McManaman. En el Bernabéu, empate (1-1) que colocaba al Real Madrid en otra final de la Champions. El escenario, el Hampden Park de Glasgow; el enemigo, el Bayer Leverkusen. Fue una final accidentada para un entrenador. No es normal que se lesione un portero, César, y que su sustituto tenga que entrar sobre la marcha sin poder realizar siquiera los clásicos ejercicios, llamados de calentamiento. Casillas entró en calor a base de paradas. Las que hicieron buenos el tanto de Raúl y la obra de arte de Zidane. Seguro que esa noche Vicente pensó en una de sus frases preferidas. «Lo que sucede conviene».

El Real Madrid ganaba su novena Copa de Europa, segunda para Vicente del Bosque. Al técnico le quedaba una segunda temporada de contrato. Comenzó ganando la Supercopa de Europa en Montecarlo ante el Feyenoord (3-1) y disputó la Liga y la Champions con entereza hasta el final. Por el camino se proclamó campeón de la Intercontinental en Tokio ante el Olimpia paraguayo (2-0). El recorrido europeo llegó hasta las semifinales. La Juventus remontó en

Turín el 2-1 de la ida en el Bernabéu. Aquella noche de Delle Alpi fue una de las peores experiencias del técnico. El protagonista de la víspera fue Ronaldo. No estaba en sus mejores condiciones físicas y corría el riesgo de romperse definitivamente. Entre el técnico y los médicos decidieron que no fuera titular y forzar su presencia si la eliminatoria se complicaba... como se complicó.

Con la Juve ganando 2-0, Ronaldo calentó en el descanso y entró en el campo en el minuto 52. Casi en su primera intervención fue derribado por Montero dentro del área. Penalti. También debió ser expulsión porque el defensa uruguayo ya tenía una tarjeta amarilla. Meier, el árbitro, se la perdonó. ¿Quién lo tira? Figo asumió la responsabilidad y Buffon le adivinó la intención. La Juve marcó el tercero y el postrero gol de Zidane ya no sirvió para nada.

A pesar del duro golpe de la eliminación, el Real Madrid terminó ganando la Liga esa temporada en la última jornada. Fue en el Bernabéu ante el Athletic (3-1). Era la número 29. Aquel fue el último partido de Del Bosque como entrenador blanco.

CARLO ANCELOTTI, DOS ETAPAS, DOS CHAMPIONS

Cuando Carlo Ancelotti aterrizó por primera vez como entrenador del Real Madrid en el verano de 2013 para sustituir a José Mourinho, ya traía en su maleta dos Copas de Europa como técnico (2003 y 2007, y había perdido la final de 2005 contra el Liverpool en los penaltis) y otras dos como jugador (1989 y 1990). Las cuatro con el Milan. No era una mala carta de presentación. A esas alturas de su vida, cincuenta y cuatro años entonces, ya era un experto en la gran competición continental. Había disputado, fases previas incluidas, un total de 123 partidos.

Formó un equipo de trabajo mezcla de veteranía y juventud. Como segundo incorporó a Paul Clement, a quien había conocido en el Chelsea y después arrastró también hasta el PSG. No dudó, tampoco, en dar la primera oportunidad como técnico a un Zinedine Zidane que había tenido como jugador en la Juventus y que parecía decidido a probar si la carrera de entrenador satisfacía sus planes de futuro. Como preparador de porteros, tiró de un hombre de su confianza, Villiam Vecchi, que, a sus sesenta y cuatro años, estaba considerado como un experto en la materia. La responsabilidad de la preparación física recaería en Giovanni Mauri, que contaría a su lado con su hijo Francesco y con el propio hijo de Carlo, Davide.

Para entrar en calor, el 16 de abril, sin Cristiano Ronaldo, lesionado, su Real Madrid ganó la Copa al Barcelona, en Valencia, con aquel gol de Bale que todavía se mantiene en la retina de todos los aficionados madridistas. Mientras el Campeonato de Liga se alejaba —al final quedó tercero después del Atlético y el Barcelona—, la Champions se acercaba. La fase de clasificación había sido

NS LEAGUE

un paseo con cinco victorias y un empate, en Turín, ante la Juventus. Después eliminó al Schalke 04 (1-6 y 3-1) y al Borussia Dortmund (3-0 en el Bernabéu, con susto en la vuelta, 2-0) antes de encontrarse al tercer rival alemán consecutivo, el Bayern de Guardiola.

El 1-0 del Bernabéu fue respaldado por un 0-4 en Múnich. La exhibición de su equipo fue reconocida universalmente por los medios de comunicación y se presentaba como máximo candidato y favorito al título. La final, con la presencia del Atlético, había aumentado su propia dimensión ya de por sí gigantesca. El derbi doméstico se convertía en el derbi europeo. Poco queda por conocer de aquella final que el Madrid igualó en el minuto 93 con el cabezazo de Sergio Ramos y conquistó después en una prórroga pletórica.

Ancelotti continuaba alimentando su palmarés. Con La Décima, se convertía en el segundo entrenador en ganar tres Copas de Europa, las mismas que Bob Paisley en el Liverpool, 1977, 1978 y 1981. Igualaba, a la inversa, el récord de Miguel Muñoz, que había sumado cinco títulos, tres como jugador y dos como entrenador. Y entraba también en el «club» de los técnicos que habían ganado la competición con dos equipos diferentes (Milan y Real Madrid). Antes lo habían hecho Happel, Hitzfeld, Mourinho y Heynckes.

Carlo escribió en el libro oficial del club *La Décima. Reyes de Europa (1956-2014)* un prólogo con el título «La que faltaba ya está en casa». En él resumía sus sensaciones después del éxito.

> No es fácil reflejar en palabras la emoción y la satisfacción que tanto yo como todo el cuerpo técnico tenemos por haber conseguido junto a los jugadores y el presidente esta Champions que tanto se ansiaba en el club. Desde el día en que me presenté fui consciente de lo que la Copa de Europa significaba para el Real Madrid, y cuando Florentino Pérez me mostró la sala de juntas donde están las réplicas de las nueve anteriores le dije que faltaba una que íbamos a intentar ganar y que ahora ya está donde tenía que estar. Ahora son diez en lugar de nueve.
>
> Para mí, poder llegar a ser el técnico de La Décima siempre fue una gran motivación. Nunca pensé que podía ser mi quinto título, pues

ya tenía dos como jugador y dos como entrenador. Siempre tuve presente lo importante que era para el club. Coincidíamos en que era una competición que me había dado mucho, como al Real Madrid. Disputar siete finales y ganar cinco es un honor, pero ser el entrenador del club que gana La Décima es más orgullo todavía. Si pudiera calificar esta temporada para el Real Madrid, creo que diría que ha sido muy buena, gracias a unos jugadores fantásticos.

Para su segunda temporada, Carlo pretendía poner un énfasis especial en el Campeonato doméstico. Quería ganar la Liga para redondear el póquer con el Scudetto, la Premier y la League 1, pero al mismo tiempo también le hacía especial ilusión conquistar dos Champions consecutivas y poder igualar a su «maestro» Arrigo Sacchi, el último técnico que lo había logrado con el Milan en 1989 y 1990.

El curso comenzó cargado con las dos Supercopas. Ganó la europea al Sevilla (2-0) y perdió la española contra el Atlético. En diciembre el Mundial de Clubes entró con calzador entre la Liga y la Champions y los de Ancelotti se proclamaron campeones con cierta facilidad. Golearon al Cruz Azul mexicano en semifinales (4-0) y al San Lorenzo de Almagro argentino en la final (2-0). El camino por la Champions estaba siendo firme. Superado el grupo, eliminó al Schalke 04 y al Atlético, para caer en las semifinales ante una vieja conocida, la Juventus. La desilusión también alcanzó a la Liga. El Madrid quedó a dos puntos del Barcelona. Al final de temporada desvinculó su futuro del club.

Su carrera no se detuvo. Bayern Múnich, Nápoles, Everton..., hasta que recibió una llamada de José Ángel Sánchez, director general del Real Madrid. Habían quedado como buenos amigos y de vez en cuando se intercambiaban llamadas y mensajes. Salió en la conversación el asunto del entrenador. El Madrid buscaba recambio para Zidane. Carlo la dejó caer: «El Madrid tiene que tener el mejor entrenador del mundo para el Real Madrid..., y ese soy yo». Más o menos.

Seis años después de la primera experiencia, el italiano regresó al Bernabéu dispuesto a seguir acumulando títulos. En enero, la Supercopa de España. En abril, la Liga con cuatro jornadas de adelanto. Ya es el único entrenador que ha

ganado el título en los cinco grandes campeonatos europeos: Italia, Inglaterra, Francia, Alemania y España... Y en mayo, la Champions de las remontadas. Impresionantes las eliminatorias contra el PSG, Chelsea y Manchester City. Imágenes suyas en el vestuario recuperándose de la tensión dieron la vuelta al planeta Fútbol. Fue la noche del Chelsea. «Si no he muerto hoy, es que soy inmortal». La de París contra el Liverpool iba a ser su quinta final de la Copa de Europa. Nadie había llegado a ese techo.

Su discurso, en su *itañolo,* a la plantilla el día antes de la final llamó la atención por su sinceridad y emoción: «Os he reunido a todos porque estamos aquí gracias a todos nosotros. Todo el mundo ha hecho algo. Pueden ser todos los minutos, un minuto, tres minutos. Un masaje más, un masaje menos, un ejercicio más... Estamos aquí, y hasta mañana a la hora de comer lo disfrutamos. Estamos para disfrutar de este momento. Esto es lo más bonito del fútbol. Si hacemos las cosas bien, la preocupación pasará a ser felicidad. Después del partido vamos a ser todos felices y contentos. Gracias por todo».

No menos interesante fue el momento en el que anunció a los jugadores el once titular. Citó a todos por su nombre de pila, mote o diminutivo: Thibaut;

Dani, Mili, David, Ferland; Case, Luka, Toni; Fede, Karim y Vini. En el banquillo: Andry, Nacho, Marce, Lucas, Gareth, Francisco, Dani, Eduardo, Marco, Rodry, Eden y Mariano. Aprovechó el momento para dar las últimas instrucciones: «No olvidamos nunca que la línea está alta. No tenemos que forzar los pases. Puede que sea suficiente un pase bien hecho, con un movimiento bien hecho, y así buscamos una oportunidad. ¿Ok?».

La luz de la sala estaba apagada y él, de pie. Todos le escuchaban. Su hijo Davide, sentado al lado. En primer fila: Luka, Marcelo, Karim, Carvajal..., parte de los pesos pesados. Se encendió la luz. «Ahora lo último. Después nunca hablo más esta temporada. Gracias por traerme aquí. Gracias». Los aplausos retumbaron en el pequeño pero íntimo espacio elegido para esa última charla.

Ya en el campo, Ancelotti fue informando a sus jugadores de que el partido comenzaría con retraso porque cinco mil aficionados del Liverpool estaban retenidos en las puertas del estadio. Kroos ni se inmutaba. «Da igual, míster. Ganamos más tarde». Y ganaron más tarde. Bastó el solitario gol de Vinícius. Suficiente. Las paradas de Courtois hicieron el resto. El Real Madrid hacía realidad La Decimocuarta y él se transformaba en el entrenador con más títulos en la historia de la competición: cuatro.

En el libro oficial *La Decimocuarta. La Champions de la remontadas,* Carlo también dejó su legado por escrito:

> Lo más importante que puedo decir es que hemos merecido técnica y tácticamente ganar la Champions y la Liga, pero no ha sido lo que ha marcado la diferencia. Lo que ha marcado la diferencia es la química, la relación, que hemos sido capaces de construir en el vestuario, en Valdebebas, entre los jugadores, los veteranos y los jóvenes, el grupo técnico, y también la química, el cariño y el respeto con la afición, con el estadio. No lo había vivido en la primera etapa en la que trabajé aquí. Comenzamos bien la temporada y la terminamos mejor. No tuvimos problemas. La plantilla era muy exigente. Jugadores como Hazard, Bale, Marcelo... jugaron muy poco por esa exigencia, pero nunca tuvimos problemas en manejar la situación.

ZINEDINE ZIDANE, TRES DE TRES Y LAS PUERTAS ABIERTAS

Cuando a finales de 2010, con su inestimable e incalculable ayuda, escribí el libro *Zinedine Zidane, la elegancia del héroe tranquilo,* posiblemente lo que más me llamó la atención fue su certeza de que en un futuro no iba a ser entrenador. «No sé lo que será de mí el día de mañana, pero lo seguro es que no me sentaré en un banquillo». Unos meses después, en noviembre de 2011, desde su país natal llegaba una reflexión suya: «Siento que me está comenzando a tirar un poco la idea de ser entrenador. Se verá, pero aún no tengo el fuego dentro».

En el Real Madrid, desde el presidente Florentino Pérez hasta el último de los aficionados, siempre han estado encantados de que el fuego terminara por quemarle y una buena noche se despertara de repente, como el propio Zizou ha contado, y la visión —sí, visión— que tuvo le hiciera cambiar de opinión. Zidane se hizo entrenador y no le ha ido pero que nada mal el negocio. Pasos rápidos, pero firmes.

Para empezar, aprendizaje al lado, muy cerca, de Ancelotti la temporada de La Décima (2013/14), y mientras levantaba la Copa de Europa, una decisión: «El curso siguiente vuelo solo». El club le ofreció el Castilla. Aceptó. No le importaba que fuera Segunda B ni que el primer año no fuera lo que esperaba. Continuó un segundo hasta que, una mañana de enero, el presidente le llamó para decirle que tenía que dar un salto y hacerse cargo del primer equipo. La destitución de Rafa Benítez era inminente. Zidane se convirtió en el primer entrenador francés en entrenar al Real Madrid.

Todo lo que sucedió después es de dominio público. Tres Champions consecutivas (2016, 2017 y 2018), lo que ni ningún otro entrenador había conseguido en la historia de la competición. Entre la primera de Milán y la tercera de Kiev, ZZ fue saltando vallas. Ocurrieron muchas cosas. Con la victoria contra el Atlético en los penaltis entró en el club de los privilegiados que han sido campeones de la competición como jugadores y entrenadores: Ancelotti, Miguel Muñoz, Cruyff, Guardiola, Rijkaard, Trapattoni... y Zidane.

La segunda temporada (2016/17) le esperaba con un doblete debajo del brazo. Liga y, dos semanas después, la Champions de Cardiff ante su exequipo, la Juventus. El Madrid ganó y goleó (4-1) desde un juego de alto *standing*. Desde el banquillo disfrutó de su propio estilo y superó una circunstancia que ya se había definido como la «maldición del campeón». Nadie lograba revalidar el título desde el Milan de Arrigo Sacchi en 1989 y 1990.

No fue fácil el camino. PSG, Juventus y Bayern. Concentrado en la competición continental, el Real Madrid no falló ante el Liverpool en Kiev (3-1). Zidane subió al Olimpo. Primer entrenador en ganar tres Champions consecutivas, e igualó los tres títulos de Paisley y Ancelotti. Cinco días habían pasado desde la hazaña cuando el técnico avisó de que no seguiría en el cargo. Explicaciones sencillas: «Lo hago por el bien de este equipo. Conmigo será complicado ganar el año que viene. Creo que todos, el club, los jugadores y yo necesitamos un cambio». Además de las tres Copas de Europa y la Liga, se fue con dos Mundiales de Clubes, dos Supercopas de Europa y una Supercopa de España.

Nueve meses después, en marzo de 2019, Zidane volvió al Real Madrid. Otra llamada de Florentino Pérez y respuesta afirmativa del técnico. Esta vez ocupó la plaza de Solari. Contrato hasta 2022. Ganó la Liga 2019/20, la 34 del club, y la Supercopa de España. En la 2021/22 el equipo cayó en las semifinales de la Champions ante el Chelsea, y el 27 de mayo anunció su marcha por segunda vez entendiendo un refrán español que asegura que «las segundas partes nunca son buenas». La suya fue tampoco mala del todo. Después de cada Champions, y en los libros oficiales escritos para la ocasión, el técnico quiso dejar plasmadas sus diferentes sensaciones. Nada mejor que entender esos tres títulos desde sus propias reflexiones:

LA UNDÉCIMA. EL ÉXITO ES HIJO DEL TRABAJO

Cuando, el 4 de enero de 2016, Florentino Pérez tuvo a bien darme la oportunidad de entrenar a la primera plantilla del Real Madrid, sentí una responsabilidad tremenda. Era mi sueño desde que un día decidí que quería encauzar mi nueva vida profesional por el camino de los banquillos. Pero al mismo tiempo, después de 16 años ligado al Real Madrid, conocía perfectamente la exigencia que conllevaba trabajar para el mejor club del mundo. Un maravilloso desafío.

Aquella estresada noche solo pude prometer ilusión y trabajo, y ambas situaciones son las que nos han llevado al éxito de conquistar La Undécima, con el colofón de una Supercopa de Europa y un Mundial de Clubes. Una trilogía basada en el esfuerzo de unos jugadores fantásticos que desde la humildad han trabajado día a día para conseguir los objetivos que siempre históricamente se marca este club: ganar títulos.

Nuestra mayor recompensa ha sido tener siempre el reconocimiento de una afición que nos respaldó y ayudó en Milán hasta en los momentos más críticos de la final y también que ha sabido valorar en su justa medida la importancia de completar este año 2016 con los otros dos títulos de gran valor internacional.

En la final de Milán hubo un momento en que algunos jugadores comenzaron a estar fatigados. En ese momento recordé la final del 2014 de Lisboa. Entonces había sido al revés. Ellos por delante y nosotros por detrás. Ellos muy bien, muy bien, pero cuando les empatamos se quedaron muertos. Yo había vivido esa situación como jugador. Es duro. Tú puedes ganar 1-0 y jugar 120, 130, 140 minutos..., pero si te meten un gol y vuelven ellos al partido... En Milán sucedió después. Marcó Carrasco y ellos volvieron al campo y se comportaron de forma más fuerte que nosotros. Como lo había vivido, sabía lo que pasaba en esas situaciones.

Ese fue el momento más delicado. Ahí era donde teníamos que tener la tranquilidad de la que tanto habíamos hablado antes del partido y que ahora estoy intentando explicar. Todos los partidos pasan por un momento comprometido y ahí es donde los equipos se tienen que hacer más fuertes, ser más compactos, más solidarios, ayudar a los compañeros... e intentar que pase lo más rápido posible el mal momento. Nosotros lo pasamos y lo superamos.

LA DUODÉCIMA. «EL SECRETO ES QUE LOS JUGADORES SON MUY BUENOS»

Yo no soy el autor de la obra. Son muchos autores. Aquí hay mucha gente que trabaja para conseguir estos resultados. Si acaso soy el responsable de los autores. Y si para todo tiene que haber siempre una explicación, en este caso la única explicación que puedo dar desde mi posición y desde mi idea tiene una palabra justa: trabajo. Talento hay mucho en este equipo, eso es algo que se sabe desde dentro del club y desde fuera del club. De hecho, en este club siempre ha habido talento, pero ahora mismo hay también mucho trabajo.

La final fue perfecta. La de Cardiff fue la final que siempre se quiere jugar: juego, goles y triunfo. La segunda parte fue un espectáculo, un escándalo. Interpretamos más que bien el partido. La Juve, en la primera parte, estuvo mejor. Nosotros cambiamos completamente tras el descanso. Cogimos el partido por el cuello. Salimos a presionar arriba para que no salieran con el balón jugado. Modric, para mí, fue la clave en esa transformación... Bueno, todos. Cristiano con sus goles marcó la diferencia y todos ejecutaron lo que hablamos a la perfección, pero Modric fue especial. Por su banda hizo mucho daño.

En el descanso solo les dije que no podíamos dejar a la Juventus la iniciativa del juego ni la posibilidad de que pudiera pensar que podía ganar esa final. Era algo futbolístico, pero también mental. Ellos, después de su primera parte y la nuestra, podían venirse aún más arriba y convencerse de que eran mejores. Esa posibilidad no se la podíamos ofrecer. No, les teníamos que convencer de que no, de que era nuestra final. Estábamos bien físicamente, bien de cabeza, y teníamos que aprovecharlo. Y lo conseguimos, entramos perfectamente tras el descanso. Hicimos 45 minutos pletóricos. Acabamos físicamente fenomenal. Fue extraordinario.

LA DECIMOTERCERA. EL DISCURSO DEL DESCANSO

Solo dos o tres cosas muy importantes para nosotros, sobre todo cuando tenemos el balón. Cuando nosotros jugamos, ellos lo que quieren es esperarnos, no vienen. Son muy buenos en esto, nos hacen daño. Entonces lo que tenemos que hacer es dar, jugar de cara y saltar la línea. Saltamos la línea con Sergio o con Marcelo, y luego Marcelo en profundidad para Karim; ahí les metemos siempre en dificultades. Lo que yo quiero es... Isco, un poco más arriba, detrás

de los tres, entre líneas y un poquito más a la derecha. Cuando vamos por la izquierda, vamos con Marcelo, con Cristiano y con Karim. Así, por la derecha vamos con Luka y con Isco, pero más arriba. Cuando juguemos de cara, ellos vienen a presionar seguro, y vienen fuertes, entonces nosotros la metemos un poco por encima, entre líneas y ya está, y ya está.

Defensivamente lo estamos haciendo muy bien todos. Así. Cuando perdemos el balón estamos juntos, volvemos, eso es perfecto. La única cosa es que hay que creer un poco más ofensivamente porque en los diez minutos de la primera parte les hicimos daño, les hicimos daño, con ocasiones. Hay que seguir en esa línea. Y tranquilidad, sobre todo tranquilidad. Nosotros, tranquilidad. Ellos van a jugar, van a tener ocasiones, da igual; lo importante es seguir con las cosas que estamos haciendo, seguir nuestro camino siempre pensando en positivo. ¿De acuerdo? Hasta el final, pase lo que pase. Porque una o dos las vamos a tener seguro. Lo importante es hacer lo que tenemos que hacer... ¿De acuerdo? Vamos.

UEFA CHAMPIONS LEAGUE
UEFA CHAMPIONS LEAGUE
LUCAS V.
18

5

LAS GRANDES RIVALIDADES EUROPEAS

HIERRO
4
Realmadrid
CLUB DE FUTBOL
REFEREE
OPEL
C

REAL MADRID-BAYERN
EL CLÁSICO DEL CONTINENTE

Para ser, con 26 enfrentamientos directos, el duelo continental más repetido en la historia de las competiciones europeas, Real Madrid y Bayern no se enfrentaron directamente hasta la temporada 1975/76, cuando la competición ya cumplía los 21 años de edad. Desde entonces, raro ha sido el encuentro o la eliminatoria en la que, además de las cuitas propiamente futbolísticas, no se hayan dado otras circunstancias extradeportivas. También resulta curioso que nunca se hayan medido frente a frente en ninguna final.

Máxima igualdad. Por eliminatorias, quitando los dos partidos de la fase de grupos de la temporada 1999/2000, siete clasificaciones del Real Madrid, las tres últimas consecutivas, por cinco del Bayern. Por partidos, 12 victorias germanas, tres empates y 11 triunfos blancos. E igualdad hasta en los goles a favor y en contra: 42.

1975/76. SEMIFINALES. COPA DE EUROPA. SE CLASIFICA EL BAYERN

El Bayern aterrizaba por primera vez en Madrid como doble campeón de Europa y una pléyade de grandes jugadores: Maier, Beckenbauer, Gerd Müller, Uli Hoeness... Roberto Martínez adelantó a los suyos, pero en un encontronazo con el meta Maier sufrió fractura de nariz y fue sustituido por su compatriota Guerini. Gerd Müller, antes del descanso, marcó el empate. Partido muy igualado a pesar de que los blancos jugaron sin Pirri ni Breitner, lesionados, y también se tuvo que retirar Velázquez, suplido por Vitoria.

Lo peor no fue el empate (1-1), sino los incidentes acaecidos nada más concluir el partido. El generalizado descontento con el arbitraje degeneró en un

acto deplorable. Un espectador saltó al césped y agredió al colegiado austriaco Linemayer. El agresor también sacudió a Gerd Müller, que pasaba por allí camino de los vestuarios. Finalmente, el portero, Sepp Maier, consiguió bloquearlo con una patada en la espalda mientras llegaba la Policía Nacional. En el desconcierto, el aficionado terminó desapareciendo sin que pudiera ser detenido.

El gran perjudicado de esa aislada acción fue el club. Primero fue sancionado por la UEFA con un año de inhabilitación. Tras los correspondientes recursos, el castigo quedó reducido a jugar un partido a puerta cerrada en el Bernabéu y un segundo a más de 300 kilómetros de la capital.

En la vuelta, en el Olímpico de Múnich, el Bayern impuso su ley con dos goles de su gran rematador, Gerd Müller. Los alemanes blancos, Netzer y Breitner, fueron abroncados cada vez que tocaban el balón. Amancio, expulsado, jugó su último partido europeo.

1986/87. SEMIFINALES. COPA DE EUROPA. SE CLASIFICA EL BAYERN

Once años tuvieron que pasar para que ambos equipos se vieran las caras por segunda vez. La final volvía a estar en juego y el Bayern confirmó su poderío. Carlos Santillana era uno de los supervivientes de la cita anterior. Además de la goleada (4-1), que prácticamente sentenció la eliminatoria, otra vez la crónica futbolística degeneró en una reseña de sucesos. Lo cuenta el propio Santillana: «El fútbol alemán, en aquellos tiempos, estaba un peldaño por encima del español. Además, esos jugadores tenían la habilidad de sacar lo peor de nosotros. Puede que les tuviéramos cierto pavor o miedo deportivo, pero el caso es que nos metieron cuatro y para casa. Lo peor fue lo de Juanito, que perdió los nervios y pisó a Matthäus después de una entrada muy dura a Chendo. Ni entonces, cuando era jugador, ni ahora me ha gustado culpar a los árbitros de las derrotas, pero aquel escocés (Valentine) barrió para casa todo lo que pudo. También expulsó a Mino y permitió su dureza. Caímos en su trampa».

En la vuelta, en el Bernabéu el Real Madrid dio la cara y ganó con un gol, precisamente, de Santillana. Más incidentes. El central alemán, Augenthaler, agredió a Hugo Sánchez y fue expulsado. Camino de los vestuarios hizo un gesto con los dedos, como si fueran cuernos, dirigido al Fondo Sur. «Creí que estaba en una plaza de toros», fue su chulesca explicación al finalizar el encuentro.

1987/88. CUARTOS. COPA DE EUROPA. SE CLASIFICA EL REAL MADRID

En esta ocasión no hubo que esperar mucho. Una nevada espectacular recibió en la capital de Baviera a Beenhakker y los suyos. El Olímpico era un manto blanco, a pesar del buen funcionamiento de la calefacción estratégicamente colocada bajo el césped. Con una mejor adaptación al estado del campo, el Bayern fue feroz desde el arranque. Dos goles. En el descanso, todos los allí presentes pensábamos en lo peor, y qué decir cuando en el primer minuto Wohlfarth marcó el tercero. La noche se cerró aún más. La reacción madridista fue tan positiva como inesperada Marcaron Butragueño y Hugo Sánchez, con fallo del portero Pfaff incluido. El 3-2 dejaba abierta la puerta de la remontada en el Bernabéu. Así fue. Jankovic y Míchel marcaron antes del descanso y el Real Madrid se clasificó para semifinales (ver reseña del partido, página 84).

1999/2000. LIGUILLA Y SEMIFINALES. CHAMPIONS LEAGUE. SE CLASIFICA EL REAL MADRID

Para que la rivalidad directa se mantuviera viva y no cayera en el olvido —llevaban 12 años sin enfrentarse— en la 45.ª edición del torneo hubo hasta cuatro enfrentamientos. Lo nunca visto hasta entonces. Ambos equipos quedaron encuadrados en el mismo grupo de la segunda liguilla y el Bayern dio buena cuenta del Madrid en los dos partidos. Al tercer intento en el Bernabéu consiguió su primera victoria (2-4) y rompió de paso la racha blanca de cinco años sin perder en las competiciones europeas. En la vuelta, nueva goleada bávara (4-1). Ambos se clasificaron para cuartos y con sus respectivas victorias, el Real Madrid ante el Manchester United y el Bayern contra el Oporto, hicieron posible que se volvieran a enfrentar en semifinales.

Nada que ver con los dos primeros enfrentamientos. El Madrid más competitivo de la temporada se llevó un buen 2-0 de renta del Bernabéu (ver reseña del partido, página 92) y en la vuelta mantuvo el tipo gracias a otro gol de Anelka

justo cuando el Bayern aceleraba su dominio y pensaba que el tempranero gol de Jancker le iba a permitir remontar la desventaja.

2000/01. SEMIFINALES. CHAMPIONS LEAGUE. SE CLASIFICA EL BAYERN

Sin tregua. Otra vez con la final en juego. La ida, en el Bernabéu. El Bayern tiró de oficio e hizo bueno el gol de Elber. Dominio infructuoso que empinaba la eliminatoria. En la vuelta, poco tardó el equipo local en medio sentenciar su pase a la final. Otro gol de Elber, previo agarrón de Jeremies a Casillas, convertía la misión en algo casi imposible. Empató Figo y volvió a responder Jeremies antes del descanso. El casero arbitraje del danés Nielsen hizo el resto en la segunda parte.

2001/02. CUARTOS. CHAMPIONS LEAGUE. SE CLASIFICA EL REAL MADRID

Los alemanes parecían tener ganas de guerra y calentaron la tercera eliminatoria consecutiva con declaraciones por doquier. La ida concluyó con triunfo bávaro (2-1) y el gran protagonista fue Geremi. Del Bosque le «ascendió» a titular, y del camerunés fue el gol que adelantó al equipo. Solo al final el Bayern pudo revolcar el encuentro. Fue entonces cuando el bosnio Salihamidzic, sin sentido, arremetió contra los blancos. «El Madrid se ha cagado en los pantalones. Contra nosotros se cagan. Se han dedicado a los "taconcitos" y no han podido con la presión que le hemos metido en la segunda parte».

Kahn también aprovechó el momento para tomarla con los galácticos. «Cometieron el error de querer ridiculizarnos. Les pudo la arrogancia. Graban anuncios, se exhiben, pero no juegan al fútbol. No me meterán dos goles en la vuelta. Estoy seguro». Lo estaba, pero no contó con el enemigo. Un gran Madrid salió respondón en el Bernabéu y Helguera y Guti, con sus tantos, callaron bocas. El Madrid a la final (ver reseña del partido, página 94).

2003/04. OCTAVOS. CHAMPIONS LEAGUE. SE CLASIFICA EL REAL MADRID

A la octava fue la vencida. Después de siete derrotas en otras tantas visitas a Múnich, un empate (1-1), con Roberto Carlos como autor del gol. Antes del partido se tuvieron que volver a escuchar las bravatas de los jugadores alemanes en boca del peruano Claudio Pizarro: «Les vamos a meter cinco a esos payasos». El postre fue la sanción de la UEFA a Roberto Carlos tras revisar el vídeo del partido y considerar que el brasileño había agredido al argentino Demichelis. Dos partidos de sanción, con lo que el lateral no pudo jugar la vuelta.

Tampoco lo hizo Ronaldo. Esa noche estaba reservada y predestinada para Zidane. El francés completó una gran actuación y marcó el gol del triunfo. No faltó, por supuesto, la bronca de rigor. Kahn devolvió al público un objeto lanzado desde la grada y se llevó una de las pitadas más sonoras que el Bernabéu recuerda. Guti y Lizarazu se enzarzaron a puñetazos... y el madridista acabó sangrando por la nariz por un involuntario cabezazo de Raúl, que acudió a separarlos.

2006/07. OCTAVOS. CHAMPIONS LEAGUE. SE CLASIFICA EL BAYERN

Más madera. Capello entrenaba al Real Madrid y el partido de ida en el Bernabéu parecía ir bien encaminado tras un apañado primer tiempo. El esperanzador 3-1 se enredó con el tanto de Van Bommel, ex del Barça, y su provocadora forma de celebrarlo a base de cortes de manga. Salihamidzic aprovechó la ocasión para reventar viejas heridas y la tomó con un público que no olvidaba sus palabras de años anteriores. Sus escupitajos al respetable se encontraron con la desaprobación de Míchel Salgado, que calentaba por la banda. No le vino bien al Madrid que la contienda se crispara de esa forma en los últimos minutos, y la mínima renta (3-2) ya no era garantía para la vuelta.

El Allianz Arena era ya el escenario del Bayern. A los diez segundos marcó Makaay. Después, Lúcio. Un penalti transformado por Van Nistelrooy hizo creer a los de Capello que podían empatar. Craso error. Finalmente, se retiraron del terreno de juego lamentándose porque el árbitro había anulado un tanto a Sergio Ramos por considerar que se había ayudado de la mano para controlar el balón. El gol habría significado el pase a cuartos.

2011/12. SEMIFINALES. CHAMPIONS LEAGUE. SE CLASIFICA EL BAYERN

Los bávaros tenían el gran aliciente de que la final de esa temporada se iba a jugar en el Allianz Arena. Era el Madrid de Mourinho y no se llevó un mal resultado de Múnich, aunque el postrero gol de Mario Gómez (2-1) empeoraba la situación. La vuelta se puso muy pronto cuesta abajo con los dos goles de Cristiano Ronaldo en el primer cuarto de hora. Pero enfrente estaba el Bayern y quedaba mucho camino por recorrer. Robben, un ex del Bernabéu, hizo el

tanto que ponía el marcador como acabó la ida (2-1). Volver a empezar. Los 90 minutos se consumieron sin novedades y llegó la primera prórroga en todos sus enfrentamientos e, inmediatamente, también la primera tanda de penaltis.

Erraron todos los especialistas. Primero Cristiano y Kaká, a quienes adivinó Neuer la intención. Casillas enmendó la plana con sus paradas a los disparos de Kroos y Lahm, pero lo que no entraba en el programa es que otro versado en la materia, Sergio Ramos, lanzara fuera el suyo, para sorna de un Neuer que se mofó en su cara. El veredicto quedó en los pies de Schweinsteiger. No falló. Marcó y cumplió con su deber.

2013/14. SEMIFINALES. CHAMPIONS. SE CLASIFICA EL REAL MADRID

Ancelotti contra Guardiola. El corto 1-0 del Bernabéu, gol de Benzema, hizo pensar a los alemanes que estaban casi casi en la final. El presidente Karl Heinz Rummenigge calentó el ambiente desde la misma noche del Bernabéu en su discurso tradicional de la cena posterior al partido. «Cuando llegue el martes, hasta los árboles arderán en Múnich. En el Allianz habrá 70.000 aficionados y espero que nos lleven en volandas para que el Madrid sepa lo difícil que es ganar en Múnich. Les parecerá el infierno. ¡Os arroparemos, chicos!».

Después de estas palabras del «jefe» todo estaba preparado en la capital bávara para la remontada. Hasta se hicieron unas camisetas rojas para la ocasión. «La bestia negra. Vámonos a Lisboa». Pues no. A Lisboa fue el Real Madrid para ganar La Décima. No sin antes conseguir la primera victoria de su historia en Múnich. Allí, en el infierno donde iban a arder los árboles. Aquel 29 de abril se puso el punto final a una trayectoria dolorosa, que en el club comenzaba a obsesionar. Dos goles de Sergio Ramos y dos de Cristiano Ronaldo redondearon uno de los triunfos más espectaculares del Real Madrid en la competición.

2016/17. CUARTOS. CHAMPIONS. SE CLASIFICA EL REAL MADRID

Tres años después de ese 0-4 los blancos demostraron que le habían cogido gusto a ganar en el Allianz y sumaron su segunda victoria consecutiva. Dos tantos de Cristiano Ronaldo, el segundo su gol número 100 en las competiciones europeas, sirvieron para remontar el tanto inicial de Vidal, que falló un penalti. Con el precedente de cinco años antes, cuando la eliminatoria acabó en la tanda de penaltis, nadie en el vestuario del Real Madrid pensaba que las semifinales eran ya un hecho.

Lewandowski, a poco de comenzar la segunda parte, igualó la eliminatoria. El Bernabéu se mentalizó de que se avecinaba otra noche larga y sufrida. Cristiano Ronaldo marcó su quinto gol en lo que iba de competición y devolvió la esperanza. Dos minutos después Sergio Ramos, en su partido 100, marcaba en propia puerta y la ventana de la prórroga se volvía a abrir de par en par. Poco antes del pitido final fue expulsado Vidal por doble amarilla.

Reaccionó bien el Real Madrid. Tres goles en siete minutos. Otros dos del portugués y el definitivo de Asensio. La réplica alemana a la derrota fue inminente: tres jugadores del Bayern, Lewandowski, Thiago y Vidal, entraron en el vestuario del árbitro para recriminarle su actuación.

2017/18. SEMIFINALES. CHAMPIONS. SE CLASIFICA EL REAL MADRID

No había dado tiempo a que se calmara la polémica de la temporada anterior y ya estaban otra vez frente a frente. El Real Madrid, en la ida, sumó su tercer triunfo consecutivo en Múnich. Marcó Kimmich y remontaron Marcelo y Asensio. Después de lo acontecido en los dos recientes enfrentamientos en la vuelta del Bernabéu, nadie era capaz en el vestuario de pronunciar la palabra «final», ni la palabra «Kiev». A los tres minutos, otra vez Kimmich ya había puesto el 0-1. Replicó pronto Benzema, que también hizo el segundo. El Bayern apretó y apretó. Empató James y hasta el final se vivió una ansiedad propia de las grandes ocasiones. Ya sí se podía hablar de la final de Kiev (ver reseña del partido, página 112).

JUGADORES QUE HAN DEFENDIDO LAS DOS CAMISETAS

Paul Breitner. Fue el primero en abrir la línea regular de futbolistas entre Múnich y Madrid. En el Bernabéu aterrizó con veintitrés años, pero ya consagrado. En sus cuatro primeros años en el Bayern había ganado una Copa de Europa —la de la final repetida contra el Atlético de Madrid—, tres Bundesligas y una Copa, además de la Eurocopa (1972) y el Mundial (1974) con la Selección alemana. En la final contra Holanda, marcó el primer gol de penalti. Justo después de esa gran cita fichó por el Real Madrid. Empeño personal del presidente, Santiago Bernabéu. En sus tres temporadas, el abisinio, como era conocido popularmente por su melena ensortijada, ganó dos Ligas y una Copa. Disputó 100 partidos y marcó 10 goles.

En la temporada 1975/76, vestido de blanco, fue protagonista directo del primer enfrentamiento europeo entre ambos clubes. El Olímpico no le había perdonado todavía su marcha al fútbol español y era abucheado cada vez que tocaba el balón. Dejando un grato recuerdo en el club y entre los aficionados, aceptó la oferta del Eintracht Braunschweig, donde estuvo una temporada. Volvió a «casa». Otras cinco temporadas en el Bayern: dos Bundesligas y una Copa. Se «jubiló» en 1983, relativamente joven, a punto de cumplir los treinta y dos años.

Zé Roberto. Llegado al Real Madrid con veintidós años procedente de la Portuguesa, en el mercado de invierno 1996/97 se marchó cedido al Flamengo justo doce meses después, por lo que estuvo solo un año natural, dos medias temporadas, en el Bernabéu. Aun así, le dio tiempo a ganar una Liga en sus primeros seis meses y La Séptima, en la que jugó cuatro partidos y marcó un gol al Rosenborg en el Bernabéu, y la Supercopa de España, en la otra media siguiente...

No satisfecho con lo que jugaba, 21 partidos, se fue traspasado al Bayer Leverkusen. Y de ahí al Bayern en dos etapas. En la primera, en cuatro cursos ganó tres Bundesligas y en la segunda, una más.

Arjen Robben. Las expectativas eran máximas cuando Arjen Robben dio el «sí quiero» al Real Madrid en el verano de 2007 procedente del Chelsea. Jugó dos temporadas, con una Liga y una Supercopa ganadas, para un total de 65 partidos y 13 goles en todas las competiciones. Coincidiendo con la llegada de Cristiano Ronaldo al Bernabéu, el Bayern de Van Gaal llamó a su puerta asegurándole una titularidad que en el Madrid no tenía. Una década en Múnich, regateando lesiones, pero con un rendimiento notable que le permitió llegar a ser imprescindible.

Hamit Altintop. El futbolista turco-alemán no renovó por el Bayern y aceptó una oferta del Real Madrid por cuatro temporadas, las mismas que había permanecido en la capital de Baviera (2007-2011). Su balance, testimonial. El curso 2011/12, con 12 partidos, cuatro de Champions y solo uno de titular; cinco de Liga (un gol) y tres de Copa. Al final de la campaña fue traspasado al Galatasaray.

Toni Kroos. Criado y crecido en el Bayern desde juveniles, al campeón del mundo en 2014 no le tembló el pulso cuando el Real Madrid llamó a su puerta. Además de ese título, ya había ganado casi todo lo que se podía ganar con la camiseta roja: una Champions, un Mundial de Clubes, tres Bundesligas, dos Copas, dos Supercopas de Alemania y una Supercopa de Europa. Aunque le quedaba un año de contrato y recibió mil presiones para renovar, tenía bien claro que su prolongación de compromiso tenía un alto precio y que también podía ser el momento justo para dar el salto después de ocho temporadas en la nómina del club bávaro, incluidos los 18 meses de cesión al Bayer Leverkusen entre enero de 2009 y mayo de 2010.

Hoeness fue quien rompió la baraja. El 2 de febrero de 2014, tras golear al Eintracht (5-0), entró en el vestuario y, dirigiéndose al jugador, le gritó: «Toni, llama a tu agente. Nunca ganarás diez millones aquí». A lo que Kroos contestó: «No necesito llamarlo. Tenemos la misma opinión». Ahí apareció el Real Madrid. Todo lo que sucedió después tiene color blanco. Kroos encajó como un guante en el equipo más allá de quien fuera el entrenador y junto a Modric y Casemiro formó uno de los mejores centros del campo de la historia del fútbol mundial. Toni, como uno más de la plantilla, comenzó a acumular títulos y a añadirlos a los ya conquistados: cuatro Champions a sumar a la que ya tenía; tres Ligas, una Copa, cinco Mundiales de Clubes, cuatro Supercopas de Europa y tres Supercopas de España.

Xabi Alonso. Su experiencia se puede considerar parecida a la de Kroos, pero el itinerario del viaje fue al revés: de Madrid a Múnich. Ambas situaciones encierran bastantes factores en común. Cuando Xabi recibió la llamada de Guardiola, el jugador ya lo había ganado casi todo en su doble versión Liverpool-Real Madrid. De *red*, una Champions (2005), una FA Cup (2006) y una Supercopa de Europa, y de blanco, una segunda Champions (2014), una Supercopa de Europa, una Liga y dos Copas del Rey. Además, por supuesto, de la trilogía con la Selección: un Mundial (2010) y dos Eurocopas (2008 y 2012).

Amén de la motivación de entrenarse a las órdenes de su idolatrado Pep, la llamada del Bayern recreó en Xabi las mismas sensaciones que cuando el Real Madrid le propuso dejar Anfield para jugar en el Bernabéu. No le fue mal en sus tres años «bávaros». Trío de Bundesligas, una Copa y un Supercopa. Se le resistió la que hubiera sido su tercera Champions. Su mal menor fue que dos de ellas, 2016 y 2017, se las llevó su exequipo y las celebró como si también fueran suyas.

James Rodríguez. Hizo el mismo camino, Bernabéu-Allianz Arena, pero cedido dos años, no traspasado. Después de ser el máximo goleador del Mundial 2014 con seis tantos, fichó por el Real Madrid procedente del Mónaco. Fue de más a menos. Tras una notable primera temporada con Ancelotti, 46 partidos, 17 tantos y 18 pases de gol, en las dos siguientes no mantuvo los mismos registros individuales. Ganó seis títulos: dos Champions, una Liga, un Mundial de Clubes y dos Supercopas de Europa.

En el verano de 2017, reclamado por Ancelotti, entonces entrenador muniqués, se fue al Bayern. No le salió la operación tan redonda como pensaba. Carlo fue destituido, y aunque Heynckes le mantuvo la confianza, en la segunda temporada James no entró en los planes de Niko Kovac. En esos dos años «alemanes» jugó 60 partidos y marcó 15 goles. Ganó dos Bundesligas y dos Supercopas domésticas. El club bávaro no ejerció la cláusula de compra firmada, por lo que, con contrato en vigor, James, en la 2019/20, volvió a vestirse de blanco: 14 partidos, solo nueve de titular, un gol y el premio de otra Liga. La llegada de Ancelotti, siempre su salvador, al Everton le abrió la vía de la Premier, y allá que se fue desvinculándose del Real Madrid.

LOS CLUBES ITALIANOS, SIEMPRE EN EL HORIZONTE

Después del Bayern, tres clubes italianos se asoman como los grandes rivales europeos del Real Madrid por el número de enfrentamientos directos: Juventus, Milan e Inter. Como sucediera en el caso del club bávaro, contra la Juventus y el Milan todos los enfrentamientos han sido en la Copa de Europa/Champions, mientras que con el Inter se han mezclado las tres grandes competiciones con confrontaciones en la Copa de la UEFA y hasta en la desaparecida Recopa.

DOS FINALES GANADAS ANTE LA JUVENTUS

Contra la Juve el número de duelos asciende a 21 y se han dado partidos en todas las rondas. Desde las dos finales ganadas por el Real Madrid (1998 y 2017) hasta encuentros de octavos, cuartos, semifinales y también de las fases de grupos. También, como ocurriera con el Bayern, máxima igualdad. Si bien es verdad que las dos finales tuvieron color madridista, la Juventus ha ganado cuatro eliminatorias por tres del Real Madrid y en los encuentros de las liguillas suma dos triunfos por uno blanco y un empate.

La primera vez que ambos clubes se vieron las caras fue en los cuartos de final de la Copa de Europa de 1961/62 y la Juventus se convirtió en el primer equipo en ganar en el Bernabéu en los siete años de historia de la competición. Nunca hasta ese 21 de febrero de 1962 nadie había osado asaltar el feudo blanco: 18 victorias y un empate, el que había conseguido el Barcelona la temporada anterior. La eliminatoria se resolvió en un partido de desempate en París (3-1). Antes, el Real Madrid, de azul, ganó en el Comunale (0-1) con gol de Di Stéfano. La Juve, de riguroso negro, le devolvió la moneda en el Bernabéu (0-1), con gol de Sivori.

Esos tres partidos, intensísimos, de gran nivel futbolístico, abrieron una nueva rivalidad a nivel continental. Después del dominio aplastante del Real Madrid en las cinco primeras ediciones, los grandes clubes europeos querían disputarle la supremacía y ese anhelo se trasladaba directamente a los terrenos de juego. En el partido de ida, por ejemplo, Sivori, extenuado y desesperado por el gran marcaje individual que le había realizado Pachín, acabó propinándole un cabezazo que le rompió la nariz y le impidió jugar la vuelta en el Bernabéu.

En este encuentro se vivió otro episodio que se puede denominar como poco como gracioso. La Juventus llegó a Madrid con su segunda indumentaria, camiseta, pantalón y medias negras, color con los que entonces vestían inequívocamente los árbitros. Los italianos se negaron a jugar con la segunda equipación blanca, la azul que habían lucido en Turín, y tuvo que ser el colegiado, el francés Maurice Guigne, quien modificara su uniforme con una camiseta morada de entrenamiento que traía en su maleta, pero con sus pantalones y sus medias oficiales.

Di Stéfano amenazó en el descanso con no jugar la segunda parte si los italianos no cambiaban al menos de camiseta. Argumentaba que él y sus compa-

Fly

ñeros terminaban regateando al árbitro por la coincidencia de los colores. Ante la negativa italiana, tuvo que ser el mismo colegiado quien alterara aún más su indumentaria con un jersey malva y unos pantalones marrones.

Hasta la década de 1980, Real Madrid y Juventus no volvieron a enfrentarse. Y la eliminatoria volvió a estar tan igualada que se resolvió en la tanda de penaltis. Los de Beenhakker ganaron en casa con un gol de Butragueño; los de Marchesi igualaron al comienzo del partido de vuelta con un tanto de Cabrini..., y en los lanzamientos, Buyo fue el héroe tras parar dos.

La primera final entre los dos equipos se dio en 1998. La Séptima del Real Madrid 32 años después de La Sexta. El favoritismo apuntaba al equipo italiano con Zinedine Zidane como eje de maniobras, pero el gol de Mijatovic y una contundente defensa en los últimos minutos sirvió para volver a ganar la competición que se resistía de mala manera en las tres décadas anteriores.

Entre esa final y la de 2017 ambos equipos continuaron enfrentándose de manera periódica. Una semifinal (2002/03) y unos octavos (2004/05) resueltos en la prórroga cayeron del lado *bianconero*. Le siguieron cuatro partidos de fases de grupos y otras semifinales con final feliz para los italianos. No eran estos últimos resultados precedentes positivos para afrontar esa segunda finalísima de Cardiff, pero el dominio madridista fue absoluto. Goleada (4-1) y una superioridad manifiesta plasmada en los goles de Cristiano (dos), Casemiro y Asensio. La Duodécima era una realidad y el Real Madrid se convertía en el primer equipo en revalidar el título desde el Milan de Sacchi (1989 y 1990) y desde que se implantara el nuevo formato de Champions.

El siguiente y último enfrentamiento llegó la temporada siguiente. El Real Madrid se paseó por el Allianz Stadium con tres goles de Cristiano Ronaldo, que terminó siendo ovacionado por la afición local. Desde 1962, con aquel gol de Di Stéfano, el equipo blanco no había conseguido ganar en Turín. En la vuelta, los *bianconeri* a punto estuvieron de dar la vuelta a la eliminatoria. Se colocaron 0-3, y, con la prórroga ya como amenaza, Cristiano Ronaldo transformó un penalti en el tanto que daba el pase al equipo a semifinales.

EL MILAN, EL RIVAL MÁS CERCANO EN TÍTULOS... EN LA LONTANANZA

Nadie en el palmarés de la Copa de Europa se acerca tanto a los 14 títulos del Real Madrid como el Milan con sus siete trofeos, aunque también es verdad que ha habido tiempos en los que estuvieron más cerca, como por ejemplo en 1994, que estaban 6-5, o en 2007, 9-7. Fueron los *rossoneri* el primer rival italiano del Real Madrid en la Copa de Europa. En su primera edición, en semifinales, los blancos se ganaron (4-2) su primera final en un gran partido de ida en el Bernabéu (ver reseña del partido, página 38). En la vuelta, en San Siro, a pesar del 2-1 en contra, nunca peligró el resultado porque Joseíto adelantó a los suyos y elevó la renta a tres goles, inalcanzable ya para los italianos.

El siguiente enfrentamiento ya fue en una final. En la tercera edición (1957/58). A la sombra del Atomium, en el estadio de Heysel de Bruselas, los blancos sufrieron hasta la prórroga para doblegar a un equipo que se adelantó

IBRA
adidas

SECURITY
013
CASILLAS
1
PEPE
3
ALONSO
14
AMELIA
1
GATTUSO
8
PEPE
3

dos veces en el marcador. Di Stéfano respondió al gol de Schiaffino y Rial al de Grillo. Gento, autor del gol del triunfo en el minuto 107, siempre comentó que fue la final más complicada de las seis que él conquistó. Ocho años después, en 1964, ambos equipos volvieron a verse las caras y otra vez los blancos fueron los que se clasificaron.

El viento cambió de dirección a finales de los ochenta. Dos eliminatorias consecutivas y dos pases para los milanistas. En la 1988/89, en semifinales, después del 1-1 del Bernabéu llegó el 5-0 de San Siro, la derrota más severa y abultada del Real Madrid en la Copa de Europa. A la temporada siguiente, en octavos, los de Sacchi hicieron bueno el 2-0 de Milán. El tanto de Butragueño en la vuelta no fue suficiente para pasar la eliminatoria.

Desde entonces todas las confrontaciones entre los dos equipos se han producido en partidos de grupo. Seis partidos entre 2002 y 2010, con tres triunfos *rossoneri* por uno blanco y dos empates. Históricamente, sus duelos se han caracterizado por el dominio del equipo local. El Real Madrid, en siete encuentros, nunca ganó en San Siro y el Milan solo ganó en el Bernabéu en la temporada 2009/10 en la fase de grupos (2-3).

EL INTER, EL CLUB QUE PROVOCÓ EL ADIÓS DE DI STÉFANO

Tardó el club *neroazzurro* en entrar en la historia europea del Real Madrid, pero cuando lo hizo fue un vendaval que no solo ganó el primer enfrentamiento, la final de la Copa de Europa en Viena, sino que provocó indirectamente el adiós de Alfredo Di Stefano de la disciplina blanca. Santiago Bernabéu apostó fuerte por la modificación del equipo y en la nueva etapa no entraba el futbolista que había cambiado la historia del club con su llegada en 1953. Una situación inimaginable la provocada por aquella derrota (3-1).

Era el gran Inter de Helenio Herrera en el banquillo y un once que se recitaba de memoria: Sarti; Burgnich, Guarneri, Facchetti; Tagnin, Picchi; Jair, Mazzola, Milani, Luisito Suárez y Corso. Mazzola y Milani pusieron en ventaja a los italianos, Felo acortó distancias, pero de nuevo Mazzola acertó con la puerta de

Vicente y sentenció la final. A la temporada siguiente, el Inter revalidó su título contra el Benfica (1-0).

Aquella fue la segunda final perdida por el Real Madrid después de sus cinco primeros títulos consecutivos. Dos años antes, el Benfica en Ámsterdam ya había dado el primer toque de atención con un resultado, además, abultado (5-3). La del Prater vienés era la séptima final en nueve años y en el club escoció la derrota porque todavía aquel Madrid era favorito ante un Inter que estaba en formación.

Desde la visión del presente, aquella derrota de la final del 64 fue un espejismo en el global de la rivalidad del Real Madrid con el Inter. Dos años después, en 1966, en semifinales, los blancos eliminaban a los *neroazurri* para hacerse un hueco en la final de Bruselas contra el Partizán. Para «los yeyés» que jugaron aquellos dos partidos, las semifinales fueron la verdadera final de la competición

porque el Inter era tremendamente superior al campeón yugoslavo, a pesar de la batalla planteada en la final.

A pesar de que, al curso siguiente, los italianos se tomaran cumplida revancha, ganando además los dos partidos de cuartos, la dinámica de futuro cada vez que se enfrentaban entre ellos siempre tendría color blanco. El Real Madrid ganó cinco de las seis eliminatorias siguientes. Dos más en la Copa de Europa (1981 y 1999), dos en la Copa de la UEFA (1985 y 1986), con sendas remontadas históricas (ver reseñas de los partidos, páginas 75 y 80) que están enmarcadas con letras de oro en el palmarés del club, aunque no fuera la Copa de Europa, y una en la Recopa (1983). Los últimos seis enfrentamientos han sido siempre en las sucesivas fases de grupo, con cinco victorias blancas por una sola negriazul.

SOLO CUATRO **RIVALES ESPAÑOLES**

En las 69 ediciones consumidas de la Copa de Europa (1955-2023), el Real Madrid solo se ha encontrado en su camino con cuatro clubes españoles. Y, curiosamente, ha sido su eterno rival de la capital, el Atlético de Madrid, contra el que más veces se ha enfrentado: nueve. Le siguen el Barcelona, con ocho; el Sevilla, con dos, y el Valencia, con una, la final del 2000.

PLENO DE ÉXITOS CONTRA EL ATLÉTICO DE MADRID

La estadística, en este caso, es abrumadora. El Real Madrid siempre que se ha enfrentado al Atlético en la Copa de Europa ha sacado adelante su objetivo. En las eliminatorias (tres) y en las finales (dos), para un total de nueve partidos. Cierto es que la igualdad fue máxima en todos los enfrentamientos y que el peso del derbi local se proyectó con grandeza internacionalmente, pero, al final, siempre se impuso la mayor jerarquía blanca en la competición.

El primer frente a frente llegó en la cuarta edición, 1958/59. En las semifinales. Los dos grandes clubes de Madrid se jugaron un puesto en la final de Stuttgart. Suprema equidad, hasta el punto de que se tuvo que disputar un tercer partido de desempate en Zaragoza. Cada equipo ganó ejerciendo de local. La ida se jugó en el Bernabéu. Los tantos de Rial y Puskas sirvieron para remontar el tanto tempranero de Chuzo (ver reseña del partido, página 49). En el Metropolitano, el Atlético se hizo fuerte con un gol de Collar.

Real Madrid

HASTA EL
VAMOS REAL
UEFA
CHAMPIONS
LEAGUE
Real Madrid

Desempate. Masivo desplazamiento de las dos aficiones hasta Zaragoza. Según las crónicas de la época, se podían haber llenado dos y tres estadios de La Romareda, de acuerdo a la petición de entradas y la expectación suscitada. El encuentro fue una prolongación de los dos anteriores. Marcó Di Stéfano, empató Collar, y Puskas, antes del descanso, selló el tanto de la victoria. El Real Madrid se clasificaba para la final, en la que le esperaba el Stade de Reims.

Cinco décadas y media tuvieron que pasar para que los grandes rivales capitalinos se volvieran a enfrentar en la que ya se denominaba Champions. Además, fue ya en la final. El Estadio de la Luz de Lisboa se asemejaba al Bernabéu y al Vicente Calderón unificados. El Atlético venía de ganar la Liga y el Real Madrid, la Copa del Rey. Temor mutuo. Respeto. Simeone se la jugó con el lesionado Diego Costa de titular y lo tuvo que cambiar a los nueve minutos. Se adelantaron los rojiblancos con un gol de Godín, de cabeza. Infructuoso dominio blanco durante toda la segunda mitad. El empate no llegaba... hasta que el reloj se detuvo en el minuto 93. Ni antes ni después. Modric lanzó aquel córner y Sergio Ramos voló para conectar su cabezazo. Éxtasis en la mitad del estadio madridista. Y en el banquillo. Y sobre el césped. Desolación absoluta en los atléticos

La prórroga era el mal menor y, en ella, los de Ancelotti, lanzados, inyectados en euforia, arrasaron a un Atlético que bajó los brazos, se hundió en su propia depresión por haber dejado de ganar su primera final de la Champions. Bale, Marcelo y Cristiano Ronaldo coronaron la faena en un tiempo suplementario perfecto para sus intereses.

Se repitió el enfrentamiento en la temporada siguiente (2013/14). Cuartos de final. No hay dos sin tres ni a la tercera va la vencida. Se impuso la primera teoría. La blanca. Empate sin goles en el Vicente Calderón y milagroso tanto de Chicharito en el minuto 89 (ver reseña del partido, página 101). Los rojiblancos, que jugaron con diez los últimos 15 minutos por expulsión de Arda Turan, no se lo podían creer. Otra vez se ahogaban en la orilla después de 180 minutos nadando tan rápido como su rival.

Como si la competición le hubiese cogido gusto a que el derbi madrileño se traspasase a la Champions, en la 2015/16 volvieron a verse las caras en Milán.

Segunda final en tres años. Situación histórica. Si en Lisboa el partido llegó a la prórroga, en el Giuseppe Meazza se prolongó hasta la tanda de penaltis. Esta vez se adelantaron los blancos con un gol de Sergio Ramos, otra vez Sergio Ramos, y los que empataron fueron los rojiblancos con un gol de Carrasco a diez minutos del final. Entre uno y otro tanto, Griezmann falló un penalti. Fatalidad atlética.

Incluso tanto tiempo después de haber jugado aquella final, algunos de los hombres de Zidane no saben explicar cómo pudieron mantenerse en pie en los últimos minutos del tiempo reglamentario y después en la prórroga. Los penaltis se presentaban como un hándicap gigante ante tanto agotamiento. No le fue fácil al técnico encontrar a los cinco lanzadores.

Lucas Vázquez dio el paso para el primero: gol. Griezmann se desquitó de su error del primer tiempo: gol. Marcelo, gol. Gabi, gol. Bale, medio cojo, arrastrando la pierna derecha, gol. Saúl, gol. Sergio Ramos, sin paradiña, gol. Juanfran..., contra el palo. Era el momento. Zidane había guardado a Cristiano Ronaldo para el último lanzamiento, y no falló. La Undécima era una realidad.

Aunque pudiera parecer imposible, a la temporada siguiente, blancos y rojiblancos llegaron hasta las semifinales... y volvieron a cruzarse. Increíble. La eliminatoria parecía sentenciada tras el 3-0 de la ida, con tres goles de Cristiano (ver reseña del partido, página 108), pero el Atlético gritó «susto o muerte» según subía las escaleras del Vicente Calderón y a los 16 minutos llevaba un 2-0 a su favor. Amenazaba tormenta sobre Madrid. Nubarrones negros. Los que salen en las fotos de la estratosférica jugada de Benzema sobre la línea de fondo, superando rivales en baldosas de hierba y finalmente materializada en gol por el remate de Isco. Solo poder pensar que estaban clasificados para la final de Kiev quitó el susto del cuerpo a Zidane y sus hombres. Con el 2-0 y el Calderón en llamas, habían pensado lo peor.

FINAL DE UNA ETAPA INOLVIDABLE E IRREPETIBLE

Hasta la quinta edición, los caprichosos sorteos no quisieron que los dos grandes clubes españoles del momento no se enfrentaran entre sí en la Copa de Europa y por lo tanto el «Clásico» de la Liga y la Copa no se había podido traspasar a la gran competición continental. El primer tú a tú llegó en las semifinales de ese curso 1959/60.

La ida se jugó en el Santiago Bernabéu con entrenador de estreno, Miguel Muñoz, que sustituía a Fleitas Solich, enfermo. No le tembló el pulso al técnico y puso de titular a Luis del Sol, a quien el club acababa de fichar del Betis. Los jugadores madridistas dieron la sensación de estar especialmente motivados. Las bravatas del entrenador azulgrana, Helenio Herrera, no habían gustado en el vestuario. Salida en tromba y a la media hora ya ganaba 2-0 (Di Stéfano y Puskas). Eulogio Martínez acortó distancias y hasta el minuto 87 (otra vez Di Stéfano) el Madrid no pudo ampliar su renta (ver reseña del partido, página 50).

Una semana después fue la vuelta en el Camp Nou. En esos siete días el técnico barcelonista no frenó en sus bravuconadas. «Ganaremos al Madrid por goleada y ganaremos la final». El presidente, Santiago Bernabéu, había recomendado a los suyos tranquilidad. No entrar en la batalla. No caer en las

provocaciones. Ni en los medios de comunicación ni en el terreno de juego, una vez comenzado el partido.

Cuando se esperaba un Barça superofensivo con Eulogio Martínez, Kocsis, Evaristo, Luis Suárez y Coll al ataque, fue el Real Madrid el que salió lanzado. Puskas marcó a los 25 minutos. Los dos goles de ventaja se convertían en tres y, además, el Barcelona no estaba siendo capaz de abrir huecos entre la defensa madridista. Todo lo contrario, en la reanudación, Gento y Puskas elevaron el 0-3 al marcador del Camp Nou. El postrero gol de Kocsis, en el último minuto, no pudo calmar la frustración que se apoderó de una afición que también tenía que rendirse en directo a una evidencia: el Real Madrid era el mejor equipo de Europa del momento, como confirmó en la final con su goleada al Eintracht de Frankfurt en Glasgow (7-3).

Toda la Europa futbolística estaba rendida al Real Madrid. La sexta edición volvía a tener un objetivo común para el resto de participantes: eliminar al club blanco. ¿Quién será el primer equipo capaz de ganar al Madrid, se preguntaban los medios de comunicación de todo el continente? El sorteo quiso que el primer rival del campeón volviese a ser el Barcelona. De abril a noviembre. Solo seis meses largos habían pasado del 1-3 del Camp Nou a la nueva cita en el Bernabéu.

Miguel Muñoz continuaba como entrenador blanco, mientras que, en el Barcelona, Ljubisa Brocic había sustituido a Helenio Herrera. El comienzo del encuentro pareció una prolongación de los encuentros de la temporada anterior. Mateos y Gento ya habían marcado a la media hora de juego. Tan pronta ventaja hizo relajarse a Di Stéfano y compañía, mientras que la magia de Luis Suárez empujaba a los suyos hacia la otra área. Él, el gallego a quien Di Stéfano siempre quiso fichar para el Real Madrid, sería el autor de los dos goles, el segundo de penalti, que llevaron la contienda a empate. En ese momento, el Barcelona se convertía en el primer equipo en salir vivo del Santiago Bernabéu desde que hubiera comenzado la competición en 1955.

A los blancos, la bronca por el arbitraje del inglés Ellis les duró hasta el partido de vuelta de dos semanas después. Reclamaban fuera de juego de Kocsis en el segundo tanto azulgrana, amén de sentir que se les habían señalado demasiadas faltas en contra, que, según su criterio, no habían sido. «No midió a los dos equipos por el mismo rasero», argumentó Di Stéfano, tan enfadado como convencido de que el Real Madrid ganaría en el Camp Nou. «Seguimos siendo mejores que el Barcelona», apostilló Gento para ratificar la moral de sus tropas.

Las crónicas de los periódicos dejaron por escrito que el encuentro de vuelta fue extraordinario. Que el Real Madrid, por debajo en el marcador desde la media hora por mor de los goles de Vergés y Evaristo, intensificó sus ataques como si quedar eliminados de «su» competición fuera la mayor de las ofensas que podía sufrir. El relato de la segunda parte, expresado por sus jugadores y su entrenador, se asemeja mucho a una reseña de sucesos. Quejas y más quejas contra el árbitro, llamado Leafe y compatriota de Ellis, que había dirigido en la ida.

La realidad de aquel momento era que esos dos árbitros estaban considerados entre los mejores y casi siempre dirigían los partidos más comprometidos, pero los jugadores madridistas que disputaron aquel partido estaban convencidos de que existía una orden «virtual» para que el Real Madrid no continuara ganando Copas de Europa. Gento, que aún ganaría La Sexta en el 66, y precisamente no era conocido por su carácter belicoso, sino por su bondad y discreción, lo señaló bien claro. «Se quería por quien fuese que no ganáramos más, y no nos han dejado ganar más».

Los protagonistas de la noche que vestían de blanco hablaban de cuatro goles anulados y un penalti a Canário sin pitar. No en todas las crónicas se reflejan todas esas jugadas confusas, pero la sensación generalizada de los más imparciales de la época era que en esa segunda mitad «pasaron cosas para por lo menos sospechar». Precisamente fue Canário, el extremo brasileño, el autor del gol del honor en el Camp Nou. Por primera vez desde que la Copa de Europa era la Copa de Europa, el Real Madrid quedaba eliminado. El Barcelona fue su primer verdugo. Llegó hasta la final y perdió ante el Benfica.

Tuvieron que sucederse 42 años de enfrentamientos domésticos para que volvieran a verse los cuerpos en la Copa de Europa, ya denominada Champions. Un mundo. Semifinales (2001/02). Rexach y Del Bosque, dos históricos de ambos clubes, coetáneos en el tiempo como futbolistas, estaban en los respectivos banquillos. La ida fue en el Camp Nou, día de Sant Jordi, y clara superioridad madridista reflejada en los tantos de Zidane y McManaman. A cuál mejor y más estético.

La vuelta (1 de mayo de 2002) estuvo precedida por un atentado de ETA en las cercanías del estadio. Explotó un coche bomba y causó 19 heridos leves. El partido se terminó jugando y los de Del Bosque supieron vivir de las rentas. Marcó Raúl, y Helguera, en propia puerta, abrochó el empate (ver reseña del partido, página 97).

Esta vez no se tuvo que esperar tanto para ver el Clásico a la europea. Solo una década. También en semifinales. Mourinho en el banquillo blanco, Pep Guardiola en el barcelonista. Se invirtieron con exactitud los resultados de la eliminatoria anterior. El Barça dio primero en el Bernabéu con dos goles de Messi en los últimos 15 minutos. En el Camp Nou el gol de Pedro aseguraba el pase a la final y Marcelo acercó distancias sin más futuro.

SEVILLA Y VALENCIA. EXPERIENCIA ÚNICA

La primera confrontación entre clubes españoles en la competición llegó en la tercera edición (1957/58): Real Madrid-Sevilla. Cuartos de final. Gran exhibición futbolística del doble campeón de Europa (8-0), con cuatro goles de Di Stéfano, dos de Kopa, uno Gento y otro de Marsal, en el partido de ida en el Bernabéu (ver reseña del partido, página 46) y aseado empate en la vuelta (2-2) para clasificarse por las semifinales.

También fue rotundo, en cuanto al resultado se refiere, el cuarto enfrentamiento del Real Madrid con un club español, el Valencia. Fue en la final de la temporada 1999/2000 en el Stade de France de París. La Octava. Tremenda superioridad de los de Vicente del Bosque, que había sustituido a Toshack en noviembre, ante un rival al que le pesó la responsabilidad y las alturas de una final de Champions. En las semifinales, sin embargo, había eliminado al Barcelona. Todo lo contrario que al Real Madrid, que, vestido de negro, había recuperado la sana costumbre de volver a competir por el título. Morientes, McManaman y Raúl pusieron el sello a la victoria y el técnico se consagró internacionalmente con su planteamiento táctico de los tres centrales, los laterales largos y una idea combinativa y ofensiva de interpretar el juego.

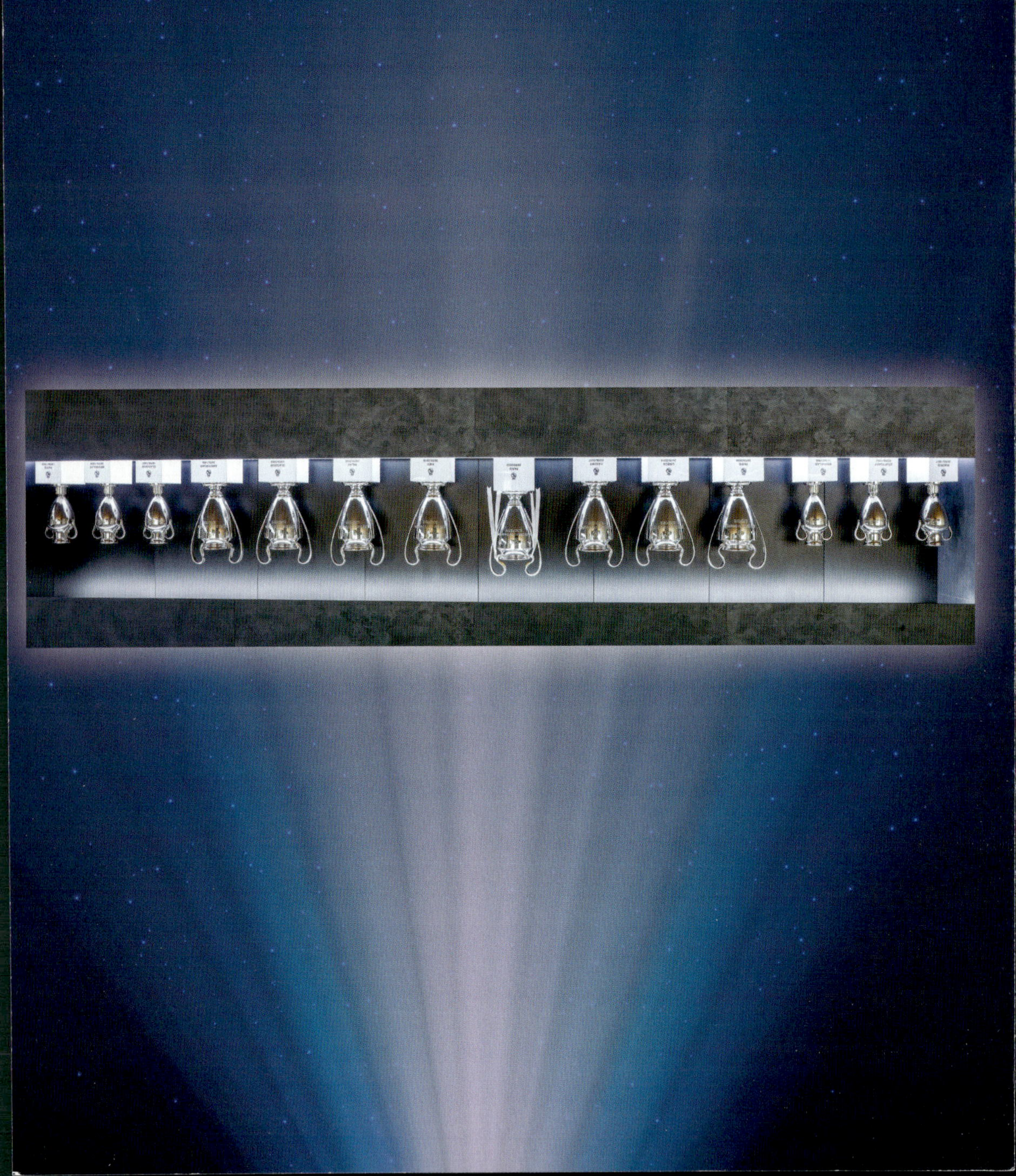